To.
예수로 충만하여
오늘도 감사로 살아가는
행복한 은혜의 사람

─────── 님께 드립니다.

모든것이 하나님의 은혜입니다.

은혜 안에 살아가는 삶의 이야기

모든 것이 은혜, 은혜, 은혜

모든 것이 은혜, 은혜, 은혜

은혜 안에 살아가는
삶의 이야기

손경민 지음

모든 것이
　　은혜,
은혜,
　　은혜

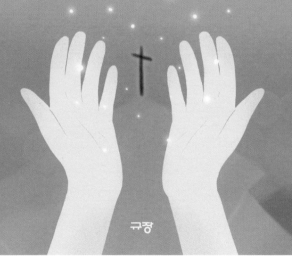

규장

모든 것이 은혜였습니다

"은혜가 무엇입니까?"라는 질문을 받는다면, 저는 주저 없이 "모든 것"이라고 대답할 것입니다. 그 이유는 코로나19로 인해 은혜를 바라보는 저의 시선이 바뀌었기 때문입니다.

우리는 코로나19를 통해 당연하게 여겼던 많은 것을 잃어버렸습니다. 우리가 숨을 쉬는 것, 함께 예배드리고 함께 식탁 교제를 나누던 시간들, 그 모든 것이 당연한 줄 알았지만, 그것들이 값없이 누려왔던 은혜임을 잃고 나서야 깨달았습니다.

우리 삶 속에 당연한 것은 하나도 없었습니다. 그저 우리가 당연하게 여기며 살아왔을 뿐입니다. 우리가 이 땅에 태어난 것, 여기까지 걸어온 것, 가족을 만난 것, 그리고 예수님을 만난 것, 십자가 은혜로 구원받은 것… 이 모든 것이 은혜였습니다.

잃어버림을 통해 은혜가 무엇인지 깨닫게 되었습니다.

모든 것이 은혜라는 것은 고난 중에도 은혜가 있다는 것을 뜻합니다. 믿음의 사람에게 고난이 없었던 적이 없습니다. 고난을 은혜라고 고백할 수 있는 이유는 고난을 통해 하나님 앞에 서게 되고, 하나님만을 의지하게 되며, 하나님의 뜻을 이해하고 순종하게 되기 때문입니다. 그래서 고난도 은혜라고 이야기할 수 있습니다. 이렇게

〈은혜〉라는 찬양을 만들게 되었습니다.

　많은 분이 제게 "어디에서 영감을 얻으십니까? 어떻게 이렇게 많은 곡을 작곡하셨습니까?"라고 묻습니다. 2010년부터 찬양의 작사와 작곡을 시작한 이래, 저와 주님의 가장 깊은 교제 시간이 바로 찬양을 만드는 시간이었습니다. 누가 시킨 것도 아니고 누군가가 저의 곡을 찾은 것도 아니었지만, 작사와 작곡의 시간은 제게 행복과 은혜가 넘치는 순간들이었습니다.

　약 10여 년 동안 작곡한 〈감사〉, 〈행복〉, 〈은혜〉, 〈충만〉, 〈하나님의 부르심〉 등의 찬양이 코로나19로 인해 어려움을 겪는 많은 사람에게 은혜와 위로의 통로로 사용되었습니다. 이 곡들에 담긴 이야기를 여러분과 나누고자 합니다.

사역자의 고백은 반드시 검증받는다

　〈나의 등 뒤에서〉, 〈오 신실하신 주〉, 〈낮엔 해처럼 밤엔 달처럼〉 등의 곡을 작사, 작곡하시고 '찬미예수'를 통해 한국 교회에 귀한 찬양의 은혜를 나눈 최용덕 작곡가님에게 귀한 말씀을 들었습니다.

"하나님과 사람 앞에 드려진 귀한 믿음의 고백들이 두고두고 살아서 성도들 사이에 역사하려면 일평생을 두고 반드시 하나님의 검증, 테스트(시험)를 거쳐야 합니다. 반드시 거치게 되어 있습니다. 그런데 그 과정이 절대로 만만치 않습니다. 평범한 신자들보다도 훨씬 혹독한 연단을 거쳐야 합니다.

그래야 그 사역자가 만들거나 부른 노래가 단순히 예술 작품이 아니라 영혼을 변화시키고 심령을 울리는 노래가 되기 때문입니다. 그 연단 과정에서 통과하지 못한 노래들은 잠깐 반짝 유행할 수는 있어도 곧 머지 않아 잊혀진 노래가 될 것입니다."

그 분은 찬양이 많은 사람에게 오랫동안 불리는 곡이 되기 위해서는 '하나님의 검증'의 시간이 필요하다고 하셨습니다. 작사자와 작곡자가 그 가사대로 살아가는지 하나님이 검증하시는 시간이 필요하며, 그 과정을 통과할 때 비로소 그 곡이 하나님께 사용되는 찬양곡이 된다고 알려주셨습니다.

저에게도 검증과 연단의 시간이 있었습니다. 그 과정 속에서 무엇을 '감사'해야 하는지 깨닫게 되었습니다. 이전에 알지 못했던 '은혜'

를 발견하게 되었습니다. 지나온 시간이 오직 내 힘으로만 가능했던 것이 아니라, '어머니의 기도'와 또한 많은 동역자의 기도로 살아왔음을 알게 되었습니다. 삶의 힘든 시절도 예수 안에서 진정한 '행복'을 누린 시기였음을 깨닫게 되었습니다. 그리고 믿는 성도에게 가장 필요한 것은 '충만'임을 깨닫게 되었습니다.

기도의 열매로 살아온 날들, 행복을 누리며 걸어온 시간, 고난 속에서 주님을 더욱 의지했던 시간들…. 모든 것이 은혜였습니다. 그 과정에서 하나님께서 어떻게 일하셨는지, 그리고 그 여정 가운데 제가 묵상하며 배운 것들과 하나님께서 저를 통해 만들게 하신 곡들을 함께 나누고자 합니다. 이 나눔 가운데 여러분에게도 은혜와 위로가 전해지기를 소망합니다.

은혜로 사는 사람
손경민 목사

CONTENTS

Prologue

PART 1 *Song Stories*

PART 2 *Music Scores*

Epilogue

1
PART

Song
Stories

chapter
01
어머니의 기도

저의 가정은 제가 어린 시절부터 깨어진 가정이었습니다. 제가 어릴 때 아버지가 집을 떠나면서 어머니는 혼자가 되셨습니다. 경제력을 가진 아버지가 안 계시니 가정 형편은 어려워졌고, 얼마 지나지 않아 어머니 혼자 남아 운영하시던 공장이 부도나서 저희 가정은 빈털터리가 되었습니다. 1년에 4번 이사를 다녀도 늘 빚쟁이들에게 쫓기는 신세가 되었습니다.

　그때 어머니 나이는 20대 후반, 너무나 젊은 나이였습니다. 아름답고, 한껏 꾸미고 싶고, 사랑받으며 신혼의 기쁨을 누려야 할 때 홀로 두 아이를 키우며 참 많은 고생을 하셨습니다.

　다른 가정에 들어가서 가사도우미로 일하기도 하셨고, 산후 도우미도 하셨습니다. 식당 일도 참 많이 하셨고, 또 시장에서 김을 떼어다가 보자기에 넣고 인근 주택가와 아파트를 돌아다니며 팔기도 하셨습니다. 어느 날인가는 버스 창밖으로 양손에 김을 가득 들고 땀을 뻘뻘 흘리며 걸어가는 어머니의 모습을 보며 너무 안타까웠습니다.

혼자 고생하시는 어머니를 도와드리고 싶은 마음에 저는 초등학교 4학년 때 학교 앞 신문 보급소를 찾아가 신문 배달을 시작하게 되었습니다. 학교를 마치고 석간신문을 돌렸습니다.

신문을 돌리다 보면 학원 가는 친구, 놀고 있는 친구를 만나기도 했습니다. 친구들과 인사를 나누고 열심히 신문을 돌리고, 선생님 댁에도 신문을 넣었습니다.

어느새 별이 하나둘 보이기 시작하고 금방 밤이 찾아옵니다. 불이 켜진 어떤 집에서는 이미 가족들이 모여서 즐겁게 식사하고 있기도 했습니다. 밤이 되면 골목이 캄캄해져서 무서운 마음에 빨리 돌리려고 서두르다가 배달할 집을 건너뛰어서 혼나기도 했습니다.

비 오는 날에는 신문을 하나씩 비닐에 포장해서 우비를 입고 자전거를 타고 다니며 돌렸습니다. 그런 날은 신문의 부피도 커지고 무게도 많이 나가서 배달하다 넘어지기도 하고, 떨어뜨려서 젖기도 했습니다.

그렇게 신문 배달한 첫 월급으로 만오천 원을 받았습니다. 아주 적은 금액이지만 "어머니, 맛있는 거 사 드세요" 하며 9천 원을 드리

고, 나머지로는 제가 먹고 싶었던 것을 사 먹기도 했습니다.

그때부터 저의 아르바이트 인생이 시작돼서 지금까지 멈춘 적이 없습니다. 이후에 이사 가서 6학년 때는 구둣방에서 구두 닦는 일을 했고, 중학생이 되어서도 가정의 경제적 형편은 크게 나아지지 않아서 새벽에 신문 배달을 하고 학교에 가는 날이 많았습니다. 고등학생 때에는 주유소, 목공소에서 일하기도 하고 일당을 많이 주는 건설 현장 일을 하기도 했습니다.

대학을 갈 나이가 되었는데 대학의 꿈을 꾸기도 전에 집안에 많은 빚이 생겼습니다. 어떤 분이 저와 어머니 명의로 카드를 만들어 사용하고 카드빚 700만 원을 남긴 채 잠적해버린 것입니다.

저희에게는 너무나 큰돈이었지만 어머니가 그 돈을 갚아주자고 하셔서 저는 대학을 포기하고 공장으로 출근했습니다. 당시 어머니는 전도사님이셨는데 받는 사례가 약 30만 원 정도로, 카드빚을 갚으며 살아가기에는 너무 부족했기에 다른 일을 병행하셨습니다.

그렇게 어머니와 3년간 일해서 빚을 다 갚고 저는 군대에 가게 되었습니다. 육군 현역으로 입대하면 논산 입소대에서 다시 신체검사를 하는데 저는 '간 기능 이상'으로 재검이 나와서 집으로 돌아오게 되었습니다. 간 수치가 정상 수치보다 20-30배 이상 높았던 것으로 기억됩니다. 어릴 적부터 새벽부터, 그리고 밤에도 일하며 피로가 쌓여서 어느덧 건강에 이상이 왔던 것입니다.

3개월이 지나 재검사를 받았을 때도 '간 기능 이상'이 나왔고, 다시 3개월이 지난 후의 재검사에서는 결국 군 면제 판정이 나왔습니다. 저는 원래부터도 하나님의 아들이었지만 사람들 보기에도 '신의 아들'이 되었습니다.

군의관님은 빠르면 1년, 늦으면 3년 안에 '간경화'라는 병이 올 수 있으니 빨리 치료하라고 하셨습니다. 좀 무서운 얘기였지요. 그때부터 보험이 되는 약을 먹고 치료했고, 지금도 변함없이 3개월에 한 번씩 혈액 검사와 초음파 검사를 병행하고 있습니다.

믿음의 어머니

제 환경이나 살아가는 모습이 사람들 눈에는 참 불행하고 안타까워 보였지만, 어릴 적 저는 불행하다는 생각을 거의 하지 않았고, 불행하다고 생각해서 울어본 적이 없습니다.

신문을 돌리면서 울지 않았습니다. 신문을 배달할 때 친구도 만나고, 부모님과 손잡고 가는 다른 가정의 모습들도 보고, 구두를 닦으면서도 아무렇지 않았습니다.

주변의 친구들이 모두 대학에서 공부할 때 저는 공장으로 출근해 일하면서 외롭다는 생각이 들 때도 가끔 있었지만 낙심하지는 않았습니다.

돌아보면서 '어떻게 그 시절 나는 낙심하지 않고 행복했던 시간으로 기억하고 있을까?' 문득 궁금해졌는데 40대가 되어서 그 까닭을 알게 되었습니다. 하나님께서 '어머니'라고 알려주셨습니다. 바로 어머니의 기도 덕분이었습니다.

어머니는 저희 형제를 키우시느라 많이 힘드셨을 텐데 힘든 표현을 거의 하지 않으셨습니다. 받은 상처가 너무나 많고 혼자서 두 자녀를 키우면서 버거우셨을 텐데 한 번도 저희에게 "나는 버림받아 비참하고, 너희는 아빠가 없어서 불행한 아이들이야. 우리 집은 가난하고 비참한 삶을 살고 있어. 가난하니까 열심히 돈 벌어야 해!" 이런 이야기를 하신 적이 없었습니다.

제가 기억하는 어머니는 늘 기도하며 예수님을 더 의지하는 분이셨습니다. 기도의 자리를 지키기 위해 항상 새벽에 어린 저를 깨우셨습니다.

"경민아, 일어나! 교회 가야지."

자는 자녀를 깨우는 일은 너무나 어렵습니다. 저도 세 자녀가 있는데 잘 때가 가장 예쁘고, 자는 아이를 볼 때면 피곤할 텐데 더 쉬게 하고 싶은 마음이 듭니다. 그러니 어머니께서 그 시절 저를 깨우실 때 어떤 마음이셨을지…. 진정 자녀를 사랑하는 절실한 어머니의 마음을, 부모가 되어보니 이제 조금 알 것 같습니다.

저는 졸린 눈을 비비며 일어나 어머니의 손을 잡고 30분간 걸어서 새벽예배를 다녔습니다. 눈이 올 때도 눈길을 헤치면서 어머니와 걸었던 기억이 납니다.

어머니는 가장 앞자리에서 기도하시고 성도님이 다 가실 때까지 기도하셨습니다. 교회에 와서야 참았던 눈물을 쏟아내셨습니다. 혼자서 얼마나 억울하고, 막막하고 두려웠을지 어머니의 마음을 조금이나마 알 것 같습니다. 그저 하나님께 내어놓고 우는 것이 어머니의 기도였습니다. 옆에서 저는 어머니가 울면 따라서 울기도 하고 그러다 또 잠이 들기도 했습니다.

일을 마치고 밤늦게 집에 돌아온 어머니는 잠들어 있는 제 머리에 손을 얹고 울면서 기도해주셨습니다. 어머니의 뜨거운 눈물이 얼굴에 떨어져서 저는 자다가 몇 번이고 깨어났지만 어머니가 민망하실 것 같아서 자는 척한 적도 있습니다.

사실 무슨 기도를 하셨는지는 모릅니다. 그저 우는 기도였습니다. 어려울 때면 항상 기도하시는 모습을 보고 자랐습니다. 힘든 일이 있으면 금식기도를 하셨습니다. 3일… 7일… 나중에는 20일 금식기도 하시는 것을 보았습니다.

어머니에게는 그저 기도밖에 없었습니다. 이미 배신도 당해봤고 자기 힘으로 할 수 있는 것이 없기에 의지할 분도, 붙잡을 방법도 하나님밖에 없었던 것이지요. 어머니가 늘 하나님께 처절하게 기도하셨던 기억이 납니다.

그러나 제가 바라본 어머니의 모습은 불쌍한 사람의 모습이 아니었습니다. 매일 기도하시고, 전도를 쉬지 않으셨습니다. 항상 틈만 나면 전도하시는 어머니였습니다. 예수님 믿으면 구원받고 참 행복이 있다고 전도하셨습니다.

힘들게 번 돈으로 토요일이 되면 주변 아이들을 모아 아이스크림을 사주며 전도하셨습니다. 가진 작은 것을 더 어려운 자들과 나누며 기뻐하시는 모습을 보았습니다.

2022년 1월 어느 날, 길에서 한 어린이가 친근한 목소리로 "예수님 믿으세요" 하며 제게 전도지를 내밀었습니다. 그런데 얼굴을 보니 제 아들이었습니다.

"!"

알고 보니 어머니가 손주들과 함께 노방전도 중이셨습니다. 어머니는 김을 팔러 다니면서도 "여러분, 예수 믿으세요. 예수님 믿으면 참 행복이 있습니다"라며 전도하셨고, 제가 어릴 때는 제 손을 잡고 전도하러 다니셨는데 지금은 손주들과 함께 여전히 전도하러 다니십니다. 믿음의 어머니가 계셔서 정말 은혜입니다!

돌아보니 어머니의 기도가 오늘까지 저를 살게 했고, 그 기도를 듣고 응답해주시는 하나님이 계셨기에 저는 참 행복한 삶을 살았습니다.

어머니의 기도는 땅에 떨어지지 않는다

어느덧 저도 세 아이의 아버지가 되었습니다. 중학생 아들과 초등학생 아들, 그리고 초등학생 딸이 있습니다. 제게도 아버지로서 자녀들에게 좋은 환경을 만들어주고 싶고, 고생하지 않고 편하게 살게 해주고 싶은 마음도 조금은 있습니다.

그러나 자녀에게 좋은 환경, 세상적으로 좋은 조건, 풍족함만을 물려주고 그것이 행복이라고 알려주면, 환경이 변하고 풍족함이 사라질 때 자녀는 불행하다고 생각할 것입니다. 반면에 기도의 자리, 믿음의 유산, 예수 그리스도의 이름을 물려준다면 자녀는 어떤 환경에서 살아가든 진정 행복한 삶을 살 것입니다.

만일 어머니께서 제게 좋은 환경과 조건만 선물해주셨다면 그것이 사라졌을 때 저는 제가 불행하다고 여겼을 것입니다. 그러나 눈물의 기도와 예배하는 자리를 물려주셨기 때문에 저는 어떤 시대를 살아와도 행복이라고 생각했습니다.

어머니는 제게 세상에서 말하는 행복의 조건들을 물려주지 못하셨지만 변하지 않는 하늘의 것을 물려주셨습니다. 고난 가운데 믿음으로 버텨내며 사는 삶, 눈물이 나고 억울한 일이 많은 가운데서도 하나님께 나아가 울며 기도하는 삶, 하루를 기도로 시작하는 삶, 복음을 전하는 삶이었습니다.

어머니께서 물려주신 이것이 저의 행복이 되었기에 세상이 어떻게 변하든지 그것과 상관없이 지나온 시간이 예수 안에 행복한 삶이었습니다.

저는 이러한 간증을 담아 〈어머니의 기도〉라는 곡을 지었습니다. 한평생 저를 기도로 키워주신 저의 어머니 양선화님, 그리고 지금도 자녀를 위해 밤낮없이 눈물로 기도하는 모든 어머니를 위해 작곡한 곡입니다. 저에게는 어머니이지만 누군가에게는 아버지의 기도가 될 수도 있겠지요.

하나님은 우리의 아버지이시기 때문에 누구보다 부모의 마음을 잘 아십니다. 어머니의 기도는 땅에 떨어지지 않으며, 눈물로 심은 기도의 씨앗은 반드시 기쁨의 열매를 맺게 됩니다. 어머니의 기도는 능력이 있으며 반드시 응답받습니다. 그리고 기적을 일으킵니다. 그 기도가 험한 세상 속에서 자녀를 살게 합니다.

이 책을 읽는 모든 분에게 권면하고 싶습니다. 자녀를 꼭 예배의 자리, 기도의 자리에 데리고 나오시기를 바랍니다. 자녀는 기도의 열매로 살아갑니다. 우리의 기도를 들으시는 하나님은 영원하신 분입니다. 우리가 먼저 이 땅을 떠나가도 기도는 사라지지 않습니다. 자녀가 가장 힘들 때 하나님께서 이 기도의 열매를 주실 것을 믿음으로 고백합니다.

또한 모든 사람이 자신이 누군가의 자녀였음을 잊지 않기를 바랍니다. 나의 힘으로만 걸어온 것이 아닙니다. 나를 위해 기도하는 분이 계셨음을 감사하기를 소망합니다. 오늘도 자녀를 위해 기도하시는 모든 어머니께 존경과 감사를 표합니다.

눈물을 흘리며 씨를 뿌리는 자는
기쁨으로 거두리로다
울며 씨를 뿌리러 나가는 자는
반드시 기쁨으로
그 곡식 단을 가지고 돌아오리로다
시편 126편 5,6절

어머니의 기도

어머니의 기도는 땅에 떨어지지 않네
어머니의 기도는 자녀를 살게 하네

어머니의 기도는 반드시 응답받으리
어머니의 기도는 기적을 일으키네

눈물로 뿌린 기도의 씨앗
기쁨의 열매로 거두리

눈물로 심은 기도의 씨앗
하나님 기억하시리

자녀의 삶에 열매 맺으리
시들지 않는 꽃 피우리

환경을 넘어 역사하리라
하나님 열매 주시리

어머니의 기도는 땅에 떨어지지 않네
어머니의 기도는 자녀를 살게 하네

자녀를 살게 하네
기적을 일으키네

행복

    바쁘게 살아가는 세상, 또 숨 막히는 경쟁사회 속에서 우리는 행복이 무엇인지 생각해볼 겨를도 없이 바쁘게 살아갑니다. 어쩌면 행복에 대해서 진지하게 고민하는 것조차 누군가에게는 사치로 느껴질 수 있습니다. 그만큼 힘겨운 시대입니다.

    그렇더라도 성경적인 행복을 꼭 알아야 할 필요가 있습니다. 올바른 행복관이 세워져 있지 않으면 하나님이 나를 부르신 목적을 잃어버리고, 세상이 정해 놓은 행복을 좇아 살다가 내가 선물로 받은 시간과 재능을 낭비하기 때문입니다. 나를 이 땅에 보내신 이유조차 모르고 신기루와 같은 세상 행복을 좇아가는 인생이 될 수 있기에 그렇습니다.

    돈을 행복으로 여기는 사람은 돈이 많을 때는 행복하다 느끼지만, 돈이 적어지고 사라지면 불행하다고 느낍니다. 젊음이 행복이라고 여기는 사람은 아름다운 겉모습이 사라지면 우울해집니다. 원하는 직업과 원하는 일의 성취를 행복이라고 여기는 사람은 그 소원이 이루어지지 않은 현실에 자신이 행복하지 않다고 생각합니다.

2015년에 저는 복음 전파를 위해 만들어진 사역팀 '아이빅밴드' (IBIGBAND, '아이빅'은 'I Believe In GOD'의 약자)에서 예배인도자로 활동하며, 저의 스승이신 박성호 대표님이 운영하는 실용음악학원에서 학생들을 가르치고 있었습니다.

학생들을 전도하기 위해 매주 월요일에 학원에서 예배를 드렸습니다. 저는 그 아이들에게 재물, 명예 같은 불완전한 조건 말고 참된 행복에 관해 말해주고 싶어서 성경이 말하는 행복이 무엇인지 찾아보기 시작했습니다.

우리를 사랑하시는 하나님은 참 행복에 관해 성경에 기록해 두시고, 어느 시대에도 변하지 않는 진정한 행복을 가르쳐주십니다. 그 내용을 함께 나누고 싶습니다.

성경적 행복이란

이스라엘이여 너는 행복한 사람이로다
여호와의 구원을 너같이 얻은 백성이 누구냐
그는 너를 돕는 방패시요 네 영광의 칼이시로다
네 대적이 네게 복종하리니
네가 그들의 높은 곳을 밟으리로다
신명기 33장 29절

하나님께서 모세를 통해 이스라엘 백성에게 행복이 무엇인지 설명해주시고, 그들이 행복한 사람이라고 말씀해주셨습니다. 놀랍게도 이 말씀은 약속의 땅 가나안에 들어가서 삶이 안정되고 모든 것이 풍족한 가운데 하신 말씀이 아닙니다.

하나님은 이스라엘 백성이 광야에 있을 때 '행복한 사람'이라고 말씀하셨습니다. 아마도 저라면 '이 광야만 지나면 행복할 거야! 약속의 땅에 들어가면 행복할 거야'라고 생각했을 것 같습니다.

신명기 1장 19절에서는 광야를 "크고 두려운 광야"로 표현하고 있습니다. 사람이 살 수 없는 곳입니다. 낮에는 뜨겁고, 밤에는 너무나 춥고, 모든 것이 부족한 곳입니다.

출애굽기 15장 22절에는 물을 찾아 3일을 걸었다고 기록되어 있습니다. 이스라엘 백성은 지쳤습니다. 안정적인 거처 없이 계속 이동하며 살았습니다.

또한 막막함 앞에 서 있습니다. 모세를 도와 출애굽을 이끈 아론과 미리암은 죽었고, 이제 모세도 죽음 앞에 서 있습니다. 젊은 지도자 여호수아와 함께 가나안의 족속들과 싸워야 합니다. 사람의 생각과 기준으로는 행복의 조건이 하나도 없는 상태였습니다.

그런데 하나님은 광야에 있는 이스라엘 백성에게 행복하다고 하십니다. 하나님이 정의하고 알려주시는 행복은 세상이 말하는 것과 완전히 다릅니다. 그 행복의 기준은 환경에 있지 않았습니다. 좋은 환경에 살고 있어서, 일이 잘돼서 행복한 것이 아닙니다.

그분은 행복의 이유로 구원을 말씀하십니다. "내가 너를 구원했기 때문에 너는 행복한 사람이란다"라고요. 하나님께서 우리에게 알려주신 행복의 시작과 근본은 바로 '구원'입니다.

십자가 구원이 행복입니다

하나님께서 이스라엘 백성을 애굽에서 구원하셨습니다. 애굽에 있었다면 노예로 살면서 내가 왜 이 땅에 태어났는지 이유도 목적도 모른 채 반복적인 일을 하다가 때가 되어 떠나갔을 것입니다. 삶의 이유와 목적 없이 살아가는 이스라엘 백성을 바로의 손에서, 애굽에서 구원하셨습니다. 특별하다고 말씀해주시고, 예배하는 민족으로 세우셨습니다.

구원이 행복이라는 사실은 시대를 관통하며 모든 사람에게 해당됩니다. 사람의 행복은 구원 없이 이루어질 수 없습니다. 왜 그런지 성경을 통해서 알 수 있습니다.

하나님이 지으신 최초의 인간 아담은 행복한 사람이었습니다. 그런 아담이 창세기 3장에 죄를 짓고 죄인이 되었습니다. 죄로 인해 하나님의 낯을 피하여 숨고 두려움이 찾아왔습니다(창 3:10). 한 사람으로 인해 죄를 지은 인간은 하나님으로부터 단절되었고, 모든 사람은 이제 죄인이 되었습니다.

모든 사람이 죄를 범하였으매
하나님의 영광에 이르지 못하더니
로마서 3장 23절

　그로 인한 공허함, 허무감, 갈증이 왔습니다. 아무리 수행과 연구를 해도 사람의 힘으로는 영적 허무와 영혼의 우울감을 이길 수 없습니다.
　'풍요로워지면 나의 마음이 채워지겠지….'
　'내가 원하는 삶을 다 이루면 갈증이 사라지겠지….'
　사람들은 이렇게 생각하지만 그렇지 않습니다. 죄의 짐을 지고 피곤한 인생을 살아갑니다. 죄로 인한 고통의 문제는 인간의 힘으로 해결할 수 없습니다.

사람이 비록 백 명의 자녀를 낳고
또 장수하여 사는 날이 많을지라도
그의 영혼은 그러한 행복으로 만족하지 못하고
또 그가 안장되지 못하면 나는 이르기를
낙태된 자가 그보다는 낫다 하나니
전도서 6장 3절

　사람이 누릴 수 있는 모든 것을 누려본 솔로몬이 노인이 된 후 전도서를 통해서 사람의 힘으로 행복할 수 없음을 말합니다.

> 전도자가 이르되 헛되고 헛되며
> 헛되고 헛되니 모든 것이 헛되도다
> 전도서 1장 2절

하나님과 단절된 사람에게 진정한 행복이란 있을 수 없습니다. 내 힘으로 편안한 자리를 만들 수 있지만 마음의 평안은 얻을 수 없고, 내 힘으로 풍요로움을 얻을 수 있을지 몰라도 마음의 부요함은 얻지 못할 것입니다. 내 힘으로 시원한 청량음료는 사 먹을 수 있지만, 영혼의 갈증은 해소할 수 없습니다.

내 힘으로 모든 걸 이룬다고 해도 잠시 이 땅에서의 일일 뿐입니다. 인생의 마지막 죽음 앞에 죄인 된 인생은 두렵고 고독합니다. 사람의 힘으로 쌓아 올린 것은 죽음이라는 파도 앞에 사라지는 모래성과 같이 허무합니다.

죄로 인한 고통에서 자유를 얻는 것, 죄에서 구원받는 것이 행복입니다. 사람은 하나님과 다시 연합하여 그분의 자녀가 되는 것이 행복입니다. 죄를 사함 받고 하나님의 자녀가 될 때 비로소 죽음의 두려움은 하늘의 소망으로 바뀌고, 인생의 공허함과 허무감은 영혼의 만족과 평안으로 바뀝니다. 그리고 성공의 압박감에서 참 자유를 누릴 수 있습니다.

이 행복을 주시기 위해 하나님이 인간의 몸으로 이 땅에 오셨습니다. 죄 가운데 고통당하는 인생들을 안타깝게 여기셔서 직접 이 땅에 오셨습니다. 그리고 인간들의 죄를 지고 십자가에 달려서 죽으셨고, 부활하셨습니다.

단절되었던 하나님과의 길이 예수 그리스도의 십자가 보혈의 은혜로 인하여 회복되었습니다. 이전의 우리는 죄로 인해 죽은 사람이었지만 그런 우리를 하나님은 십자가의 은혜로 다시 살리셨습니다.

그는 허물과 죄로 죽었던 너희를 살리셨도다
에베소서 2장 1절

예수 그리스도의 십자가 은혜로 하나님의 자녀가 될 때
비로소
환경을 넘어 영혼의 평안이 있고

모든 것이 은혜, 은혜, 은혜 ⋯⋯⋯⋯⋯⋯⋯⋯⋯⋯⋯⋯⋯⋯⋯⋯⋯⋯⋯⋯⋯

경제적 상황을 떠나 마음의 부요함이 있으며
영혼의 목마름이 사라지고
죽음의 공포에서 자유로워지며
하늘에 소망을 두는 사람이 됩니다.
십자가 구원이 행복입니다.

하나님과 동행함이 행복입니다

이스라엘 백성은 광야에 있었지만 하나님께서 그들과 동행해주셨습니다. 동행하셨다는 것은 먹이고 보호하신다는 것입니다. 광야에서 만나와 메추라기를 주시고, 바위에서 물을 내시며, 쓴 물을 단물로 바꾸어 백성들을 먹이셨습니다.

뜨거운 낮에는 구름기둥으로, 추운 밤에는 불기둥으로 보호하셨습니다. 그리고 무슨 일이 있어도 긍휼을 거두지 않고 떠나지도 않으셨습니다. 출애굽기 32장에서 백성들이 금송아지로 우상을 만들어 죄를 범했을 때도 구름기둥, 불기둥이 떠나갔다는 기록이 없습니다. 묵묵히 참으며 함께 계셨습니다.

그런데 이스라엘 백성은 언제 이 광야가 끝나 약속의 땅에 들어갈 수 있을지만 생각하고 기다리느라 광야 가운데 먹이고 입히고 돕고 인도하시는 하나님은 바라보지 못했습니다.

광야가 끝나는 것이 행복이 아니라 광야라 할지라도 하나님이 광야 가운데 동행하시는 것이 행복입니다. 가나안에 들어가도 그분이 함께 계시지 않으면 그 가나안이 광야보다 더 나쁜 곳이며 그 삶은 불행합니다. 이스라엘의 행복은 하나님이 동행하심입니다.

우리의 삶도 똑같습니다. 당장 눈앞의 어려움이 해결되면 행복할 것으로 생각하지만 그 문제가 해결된다고 하더라도 삶 속에 어려움은 계속 찾아옵니다. 어려움 가운데 나를 도우시는 하나님을 바라볼 수 있어야 합니다. 그런 사람에게는 고난도 유익이라고 고백할 만한 믿음이 생깁니다.

하나님께서 광야에 이스라엘 백성을 홀로 두지 않으시고 모든 순간마다 함께하신 그것이 행복입니다. 그들과 동행하셨던 주님이 광야 같은 세상을 살아가는 우리와도 동행하십니다.

지금 내가 가나안 같은 환경에서 살아가는지가 중요한 것이 아닙니다. '내가 지금 하나님과 동행하며 살아가는가?' 그것이 나의 행복을 결정합니다. 지금 서 있는 곳이 광야일지라도 하나님이 함께 계시면 당신은 행복한 사람입니다.

하나님의 약속이 행복입니다.
하나님께서 우리에게 약속을 주셨습니다.

…네 대적이 네게 복종하리니
네가 그들의 높은 곳을 밟으리로다
신명기 33장 29절

이스라엘 백성이 지금까지 지도자로 믿어 온 모세는 가나안에 들어가지 못하고 생을 마감할 것입니다. 젊은 지도자와 약속의 땅으로 가야 하는데 얼마나 걱정이 되겠습니까? "그들에 비하면 우리는 메뚜기와 같다"라고 하는 사람이 넘쳐납니다.

거기서 네피림 후손인 아낙 자손의 거인들을 보았나니
우리는 스스로 보기에도 메뚜기 같으니
그들이 보기에도 그와 같았을 것이니라
민수기 13장 33절

온 회중이 소리를 높여 부르짖으며
백성이 밤새도록 통곡하였더라
민수기 14장 1절

막막한 이스라엘 백성에게 하나님이 약속을 주십니다. 이제까지 한 번도 약속을 어기지 않으신 분이 약속하시는 것입니다. 승리를 보장해주십니다. 내가 너의 칼이 되어주겠다고 하십니다. 네 대적이 네게 복종할 것이라고 말씀해주시고, 그들의 높은 곳을 밟으리라는 약속을 주십니다.

그분은 거짓말을 못 하는 분이십니다. 그러므로 그분이 승리를 주겠다고 하시면 그 승리는 기필코 이루어집니다. 그 약속을 받은 사람은 행복한 사람입니다.

행복의 모델

당신은 혹시나 여러 가지 이유로 '나는 불행한 사람'이라고 생각하고 있습니까?

'나는 깨어진 가정에서 태어났어.'

'나는 사업이 요즘 잘 안돼.'

'아무도 나를 몰라주고 가까운 사람마저 나를 무시해.'

'가정에 말 못 할 아픔이 있어.'

'내가 진짜 하고 싶은 일은 이게 아니었는데….'

'내가 가고 싶은 학교는 여기가 아니었어.'

'나를 너무 힘들게 하는 사람이 있어.'

'태어나면서부터 몸이 아파.'

이러한 상황이 광야같이 우리 삶에 다가옵니다. 하지만 성경은 이러한 것을 불행이라고 말하지 않습니다.

우리가 따라가야 하는 성경 속 믿음의 사람들의 삶에는 광야가 있었고, 슬픈 날과 억울한 일이 많았습니다. 평탄한 인생을 찾기 힘들 정도입니다. 그런데 성경은 그 삶을 불행한 삶이라고 말씀하지 않습니다. 성경에서 우리가 닮아가야 할 행복의 모델을 살펴봅시다.

예수님

예수님은 마구간에서 태어나서 그 시대에 평범한 직업인 목수의 아들로 사셨습니다. 어린 시절을 보낸 갈릴리의 한 마을 나사렛이라는 곳은 하찮게 여겨지는 곳이라고 해석되기도 합니다. 그 삶에 화려함이 있었습니까?

예수님은 억울한 일도 너무 많았습니다. 대제사장 무리가 그분을 잡으러 왔을 때도 자신에게 권세가 있었지만 성경을 응하게 하려고 참으셨습니다.

이에 예수께서 이르시되
네 칼을 도로 칼집에 꽂으라

칼을 가지는 자는 다 칼로 망하느니라
너는 내가 내 아버지께 구하여
지금 열두 군단 더 되는 천사를
보내시게 할 수 없는 줄로 아느냐
내가 만일 그렇게 하면
이런 일이 있으리라 한 성경이
어떻게 이루어지겠느냐 하시더라
마태복음 26장 52-54절

　예수님은 나누는 삶을 사셨습니다. 가난한 자를 지나치지 않았
고 병든 자를 고치셨습니다. 그때마다 기도하셨습니다. 마지막 숨
을 거두실 때도 기도하셨습니다. 먼저는 감사기도를 하시고, 또한
연약한 자를 위하여 기도하셨습니다.

　이에 예수께서 이르시되

아버지 저들을 사하여 주옵소서
자기들이 하는 것을 알지 못함이니이다 하시더라
그들이 그의 옷을 나눠 제비 뽑을새
누가복음 23장 34절

33년 정도의 짧은 삶이었지만 완전한 삶을 사셨고 하나님의 뜻대로 사셨습니다.

예수께서 신 포도주를 받으신 후에
이르시되 다 이루었다 하시고
머리를 숙이니 영혼이 떠나가시니라
요한복음 19장 30절

예수님은 세상 영광보다 하늘의 영광을 누리는 분이셨습니다. 땅의 것을 구하지 않고 하늘의 것을 구하는 분이셨습니다. 하나님이시지만 완전한 인간으로 이 땅에서 행복한 인생을 사셨습니다.

모세

모세는 어린 시절에 왕궁에서 이집트의 왕자로 살았습니다. 그러나 성경은 그가 왕자였던 젊은 시절을 행복하다고 말씀하지 않습니다. 또한 히브리인을 도와주고 왕자의 자리에서 쫓김을 당한 후에 미디안 광야에서 양치기가 된 시절을 불행하다고 하지 않습니다. 모세도 옛날이 행복했다고 추억하지 않습니다.

출애굽을 이끈 모세가 가나안에 들어가지 못하고 그 땅을 바라만 보고 죽었습니다. 인생이 실패한 것처럼 보일 수도 있습니다. 그런데 성경은 그가 불행하다고 말씀하지 않으며 모세도 하나님께 따지지 않고 자기에게 허락하신 시간을 인정합니다.

성경은 그에 대해서 이렇게 이야기합니다.

그 후에는 이스라엘에
모세와 같은 선지자가 일어나지 못하였나니
모세는 여호와께서 대면하여 아시던 자요
신명기 34장 10절

때로는 나의 꿈, 나의 뜻이 이루어지지 않을 수도 있지만 그것이 우리의 행복을 빼앗아 갈 수 없습니다. 우리의 행복은 나의 꿈이 이루어지는 것이 아니기 때문입니다. 하나님을 진정 만난 사람은 하나님의 꿈이 이루어지기를 기뻐하며 그것을 행복으로 삼습니다.

모세는 그 모든 것을 누리는 것보다 오히려 하나님의 백성과 함께 고난받는 것을 더 좋아했다고 성경에 기록되어 있습니다.

도리어 하나님의 백성과 함께 고난받기를

잠시 죄악의 낙을 누리는 것보다 더 좋아하고

히브리서 11장 25절

요셉

요셉은 형제들에 의해 다른 나라에 종으로 팔려갔습니다. 그래도 그 상황에 낙심하지 않고 하나님만 바라보고 열심히 살아보려고 했는데 설상가상으로 보디발의 아내 때문에 누명을 쓰고 감옥에 갑니다. 요셉의 죄명이 무엇이겠습니까? 너무나 수치스러운 것이었습니다. 그러나 성경은 요셉의 그 삶을 불행하다고 기록하지 않습니다.

여호와께서 요셉과 함께하시고
그에게 인자를 더하사
간수장에게 은혜를 받게 하시매

창세기 39장 21절

하나님께서 함께하시는 삶이고, 그가 형통했다고 기록합니다.

간수장은 그의 손에 맡긴 것을
무엇이든지 살펴보지 아니하였으니
이는 여호와께서 요셉과 함께하심이라

여호와께서 그를 범사에 형통하게 하셨더라

창세기 39장 23절

애굽의 총리가 되었을 때는 형통했다는 얘기가 없는데 오히려 감옥 안에 있을 때 형통하다고 하십니다. 요셉은 하나님이 함께하셔서 행복한 사람이었습니다.

우리 삶에도 때로는 배신당하는 일이 있습니다. 가정 안에 어려움이 있을 때도 있습니다. 젊은 시절인데 사람들이 보기에 자신의 삶이 빛나지도 않고 다른 사람들과 가는 길이 비교되어서 마음이 힘들수도 있습니다. 그러나 그런 것은 불행이 아닙니다.

요셉과 함께하신 하나님이 지금 우리와도 함께하십니다.

다윗

어린 시절 양치기였던 다윗은 자기의 처지를 비관하지 않고 주어진 자리에서 최선으로 맡겨진 양들을 지켰습니다. 양을 지키기 위해서 곰과 사자 앞에서도 도망치지 않는 다윗이었습니다. 하나님은 그런 다윗에게 기름을 부으시고 왕으로 세우셨습니다.

그런데 다윗에게 다가오는 일들은 어려운 것이 많았습니다. 자기가 섬기던 왕 사울에게 쫓겨 다니고, 이방 나라에서 미친 척하며 목숨을 부지해야 했고, 신하에게 모욕을 당하고, 자녀가 죽는 일도 겪

었으며, 자기가 낳은 아들에게 쫓기기도 합니다. 이 얼마나 비참한 인생입니까?

그런데 성경은 다윗을 비참한 인생이라고 말씀하지 않습니다. 그를 '하나님의 마음에 맞는 자'라고 말씀합니다.

···다윗을 왕으로 세우시고 증언하여 이르시되
내가 이새의 아들 다윗을 만나니
내 마음에 맞는 사람이라
내 뜻을 다 이루리라 하시더니

사도행전 13장 22절

당신은 행복한 사람입니다

재물이 있어 행복한 사람은 재물이 사라지면 불행합니다. 재물이 적으면 안절부절못하고 행복이 사라질까 두려워합니다. 인기가 행복인 사람은 인기가 사라지면 불행해집니다.

그러나 행복의 이유가 '하나님'이라면 그 행복은 사라지지 않습니다. 주님과 동행하는 시간이 길어질수록 행복의 깊이가 더 깊어질 것입니다. 당신은 무엇을 자신의 행복으로 삼겠습니까? 오늘 행복에 대한 기준이 바르게 세워지는 날이 되기를 소망합니다.

예수 그리스도를 구주로 믿는 구원받은 성도는 행복한 사람입니다. 죄로 죽었던 우리가 예수 그리스도의 십자가 은혜로 새로운 생명을 얻었습니다. 죄인에서 하나님의 자녀로 신분이 바뀌었습니다. 하나님께서 우리 안에 살아계셔서 영원토록 동행해주십니다.

그래서 당신은 행복한 사람입니다. 예수님이 당신을 위해 십자가에서 죽으심으로 당신의 죄를 다 깨끗이 씻어주셨고, 당신을 위해 부활하셔서 지금도 당신과 동행하며 삶을 붙들고 계십니다.

화려하게 살고, 재물이 많고, 아무 어려움 없이 꿈을 이루고, 유명하고, 다른 사람보다 우월한 삶을 사는 그런 사람이 행복한 사람이 아닙니다. 화려한 삶이 아니라도 하나님 앞에 정결하고, 풍족하지 못해도 나에게 주신 것에 감사하며, 내게 주신 것을 나눌 수 있습니다.

내 뜻대로 살아가기보다 나를 지으시고 이 땅에 보내신 하나님의 목적과 뜻대로 살아가는 이 삶이 행복입니다. 하나님의 자녀에게도 이 땅에서 슬픔과 아픔이 있지만 우리 안에 하나님께서 살아계셔서 그 모든 것을 위로하고 도우시며, 우리가 낙심하지 않도록 일으켜 주십니다.

저는 이 말씀을 토대로 설교하고, 성경에 기록된 많은 말씀을 2년간 더 묵상하여 〈행복〉이라는 찬양을 작사, 작곡했습니다.

"화려하지 않아도 정결하게 사는 삶"
여호와께서 더 이상 죄를 묻지 않는 사람과
그 마음에 거짓이 없는 사람은 행복한 사람입니다.
시편 32편 2절, 쉬운성경

마음이 청결한 자는 복이 있나니
그들이 하나님을 볼 것임이요
마태복음 5장 8절

"가진 것이 적어도 감사하며 사는 삶"
범사에 감사하라
이것이 그리스도 예수 안에서

너희를 향하신 하나님의 뜻이니라

데살로니가전서 5장 18절

"내게 주신 작은 힘 나눠주며 사는 삶"

연약한 사람들을 돌보는 사람은 행복한 사람입니다.

어려움이 닥칠 때에 여호와께서 그 사람을 건져주십니다.

시편 41편 1절, 쉬운성경

긍휼히 여기는 자는 복이 있나니

그들이 긍휼히 여김을 받을 것임이요

마태복음 5장 7절

"눈물 날 일 많지만 기도할 수 있는 것"

소망 중에 즐거워하며

환난 중에 참으며

기도에 항상 힘쓰며

로마서 12장 12절

아무것도 염려하지 말고

다만 모든 일에 기도와 간구로,

너희 구할 것을 감사함으로 하나님께 아뢰라

그리하면 모든 지각에 뛰어난 하나님의 평강이

그리스도 예수 안에서

너희 마음과 생각을 지키시리라
빌립보서 4장 6,7절

"억울한 일 많으나 주를 위해 참는 것"
애통하는 자는 복이 있나니
그들이 위로를 받을 것임이요
마태복음 5장 4절

의를 위하여 박해를 받은 자는 복이 있나니
천국이 그들의 것임이라
마태복음 5장 10절

"비록 짧은 작은 삶 주 뜻대로 사는 것"
만군의 여호와여, 주를 의지하는 사람은 행복합니다.
시편 84편 12절, 쉬운성경

오 여호와여, 주를 찬양하며 사는 사람은 행복합니다.…
시편 89편 15절, 쉬운성경

"하나님의 자녀로 살아가는 것 이것이 행복이라오"
영접하는 자 곧 그 이름을 믿는 자들에게는
하나님의 자녀가 되는 권세를 주셨으니
요한복음 1장 12절

그러므로 네가 이 후로는 종이 아니요 아들이니
아들이면 하나님으로 말미암아 유업을 받을 자니라
갈라디아서 4장 7절

너희가 악한 자라도
좋은 것으로 자식에게 줄 줄 알거든
하물며 하늘에 계신 너희 아버지께서
구하는 자에게 좋은 것으로 주시지 않겠느냐
마태복음 7장 11절

주께서 생명의 길을 내게 보이시리니
주의 앞에는 충만한 기쁨이 있고
주의 오른쪽에는 영원한 즐거움이 있나이다
시편 16편 11절

행복

화려하지 않아도 정결하게 사는 삶
가진 것이 적어도 감사하며 사는 삶

내게 주신 작은 힘 나눠주며 사는 삶
이것이 나의 삶의 행복이라오

눈물 날 일 많지만 기도할 수 있는 것
억울한 일 많으나 주를 위해 참는 것

비록 짧은 작은 삶 주 뜻대로 사는 것
이것이 나의 삶의 행복이라오

이것이 행복 행복이라오
세상은 알 수 없는 하나님 선물

이것이 행복 행복이라오
하나님의 자녀로 살아가는 것
이것이 행복이라오

chapter

03

감사

2014년, 데살로니가전서 5장 18절 말씀을 묵상하며 가사를 작사하고 있었습니다.

범사에 감사하라
이것이 그리스도 예수 안에서
너희를 향하신 하나님의 뜻이니라

이 말씀을 붙잡고 긴 시간 묵상을 이어갈 때 하나님께서 저에게 주시는 메시지가 있었습니다.

데살로니가전서 말씀이 기록된 지 2천 년이 지났지만, 이 말씀은 단 한 번도 변하지 않았습니다. 이 말씀이 기록된 이후로 성도가 핍박을 당할 때도 있고 전쟁과 기근으로 힘들어할 때도 있었지만, 성경은 여전히 "범사에 감사하라"라고 말씀하십니다.

그 이유는 성도에게는 모든 일에, 모든 순간에 감사할 이유가 있다는 것입니다. 어린아이 시절과 청년의 때, 장년의 때, 그리고 노년의 때에도 감사할 이유가 있으며, 일이 잘될 때나 그렇지 않을 때, 건강할 때나 아플 때, 내 계획이 성공했을 때나 실패했을 때 모든 순간에 감사할 이유가 있다는 것입니다.

'하나님께서 성도에게 언제나 감사할 이유를 주셨기 때문에 우리는 찾아서 감사하면 되는 것이구나' 하고 깨달았고, 그럼 어떻게 감사할 수 있을까를 묵상했습니다.

하나님이 감사의 이유

성도가 감사할 이유와 동기는 성경에서 찾을 수 있습니다.

또 무엇을 하든지 말에나 일에나 다
주 예수의 이름으로 하고
그를 힘입어 하나님 아버지께 감사하라
골로새서 3장 17절

하나님께서 나를 사랑하신다는 것, 나를 구원하신 것이 감사의 이유이며, 나와 함께 계신다는 것이 감사의 이유와 동기입니다. 이 사실이 감사의 이유가 될 때 어떠한 상황에서도 감사할 수 있으며, 그 감사는 마르지 않는다는 것입니다.

하나님을 바라볼 때 감사할 이유가 있으며, 감사는 믿음으로 찾는 것임을 묵상 가운데 깊이 알게 해주셨습니다. 감사를 가지고 하나님의 말씀에 순종하면 말씀처럼 하나님의 뜻을 이루는 사람이라는 것을 알게 해주셨습니다.

이 말씀을 묵상하며 성도가 할 수 있는 감사에 대해서 가사를 쓰기 시작했습니다. 약 1년간의 묵상 끝에 어느 정도 완성된 가사가 나왔습니다.

오늘 숨을 쉬는 것 감사
나를 구원하신 것 감사
내 뜻대로 안 돼도 주가 인도하신 것
모든 것 감사

내게 주신 모든 것 감사
때론 가져가심도 감사
내게 고난 주셔서 주 뜻 알게 하신 것
모든 것 감사

감사가 마음속에 충만했습니다. '때론 가져가심도 감사'라고 가사를 썼습니다.

하지만 그때부터 환경적으로 어려운 일들이 다가왔습니다. 그 곡에 대한 하나님의 검증이 시작되고 있었습니다.

감사는 믿음으로 찾는 것

〈감사〉라는 곡을 작곡할 당시 저는 전도사로 사역하고, 대학원에서 신학을 공부하고, 강의가 없는 날에는 대학에서 실용음악 강의를 하고, 저녁에는 입시학원에서 학생들을 가르치며 일과 사역을 병행하고 있었습니다. 그렇게 생활하는 가운데 어느새 저의 성대는 만신창이가 되어 목소리가 아예 나오지 않을 정도였습니다.

대학병원에서 수술밖에 답이 없다고 하여 수술 날짜를 기다리고 있었습니다. 제가 하는 일이 다 목을 써야 하는 일인데 목소리가 나오지 않으니 강의도 사역도 모두 멈출 수밖에 없었습니다. 그래도 저만 아프면 그나마 괜찮은데 이게 끝이 아니었습니다.

이 상황에서 하나님이 주신 세 자녀 중에 둘째 아이가 폐렴으로 저와 같은 대학병원의 소아병동에 입원하게 되었습니다. 저는 사역과 일을 병행하고 있어서 아이의 간호는 아내가 전담해야 했습니다. 아내는 셋째를 출산하고 몸이 완전히 회복되지 못한 상태로 둘째를 간호하기 위해서 병원에 들어오게 되었습니다.

설상가상으로 어머니도 예정된 무릎 수술을 하시게 되었습니다. 제 삶에 힘든 일이 다 겹친 것 같았습니다.

제가 하는 일이 멈추게 되니 앞이 막힌 것 같았고, 늘 옆에 있는 아내와 자녀가 아프니 옆이 막힌 것 같았고, 늘 뒤에서 저를 위해 기도해주셨던 어머니가 아프니 뒤가 막혀 기댈 곳이 없는 것 같았습니다. 사방이 다 막힌 것 같아서 너무 낙심이 되었습니다.

아이의 병원과 교회, 학교와 일터를 왔다 갔다 하면서 이러한 날들이 계속되던 어느 날, 병원 주차장에 차를 세우고 내리지도 못한 채 차 안에서 혼자 낙심하고 있었습니다. 상황과 환경에 상관없이 범사에 감사해야 한다는 것을 알고 있었지만, 환경을 바라보면서 저는 낙심했고 몸도 마음도 지쳐있었습니다. 눈물이 주르륵 흘렀습니다.

그때 차 안에 아이빅밴드 음반으로 발표하려고 준비하며 녹음했던 〈감사〉 찬양이 흘러나오면서 제가 작사한 가사가 들려왔습니다.

항상 주 안에 있음 감사
참된 소망 주심도 감사
나 같은 사람도 자녀 삼아주신 것
모든 것 감사

주님 감사해요
내가 여기까지 온 것도 은혜입니다
주님 감사해요 주님 감사해요
나를 사랑하신 주 사랑 감사합니다

찬양을 듣는데 회개의 눈물이 터졌습니다. 나도 살아있고 아이도
숨을 쉬고 있는데 왜 낙심하고 있는지, 하나님께서 지금도 인도하
고 계시는데 왜 낙심하고 있는지, '때론 가져가심도 감사'라고 고백
해놓고 왜 그렇게 살지 않고 있는지, 지금까지 인도해주신 것은 잊
어버리고 왜 지금의 환경만 보고 있었는지….

그 자리에서 눈물의 기도를 드렸습니다.

'주님, 죄송해요. 제가 먼저 감사하지도 못하고…. 가사대로 살
지도 못하면서 〈감사〉라는 곡을 쓰고 있었습니다. 제가 글로만 쓰
고 삶으로 쓰지 않았습니다. 감사를 찾으려고 노력하지도 않고 환
경만 보고 낙심하고 있었습니다. 저는 자격이 없는 사람입니다.'

'제가 감사해야지, 작곡가가 감사하지 않는데 이 곡이 어떻게 다른 사람에게 은혜가 되겠습니까. 제가 회개하고 제가 먼저 감사하겠습니다. 이제 제가 먼저 감사하겠습니다. 이제부터는 이 가사를 삶으로 살아내겠습니다.'

감사하기로 마음을 먹고 나니까 불평이 감사로 바뀌기 시작했습니다. 사람의 눈으로 볼 때는 아무것도 감사할 게 없다고 느꼈는데 어떤 상황에도 하나님이 감사할 이유를 우리에게 주셨고, 내가 믿음의 눈을 들어 찾으면 감사할 수 있다는 것을 알게 되었습니다. 그래서 펑펑 울면서, 감사를 온전히 드리겠다고 고백하고 계속해서 기도했습니다.

'주님, 이 곡이 온전히 완성될 수 있게 도와주세요. 이 고백이 죽어있는 글이 아닌 살아있는 진실한 곡조 있는 기도가 되어 고난 가운데 있는 분들에게 흘러가서 감사를 찾는 통로가 되게 해주세요. 제가 먼저 감사하겠습니다. 주님, 여기까지 온 것도 은혜입니다. 감사합니다.'

감사하는 곳에 은혜가 흐릅니다

오랜 시간 그 자리에서 눈물의 기도를 드리고 나서 눈을 떴습니다. 달라진 것은 아무것도 없었습니다. 여전히 제 목소리는 나오지 않았고, 아이는 입원해 있고, 아내는 무거운 몸으로 간병하고 있고, 어머니는 수술을 받으셔야 했습니다.

하나님께서 환경을 변화시키지는 않으셨지만 딱 한 가지를 변화시켜주셨습니다. 바로 저의 심령입니다. 환경은 그대로인데 제가 변했습니다. 환경을 바라보고 낙심하지 않고 주님을 먼저 바라보고 감사를 고백하는 사람이 되었습니다. 감사할 제목이 보이기 시작했습니다.

여전히 목소리는 나오지 않았지만 다른 곳이 건강해서 아이에게 필요한 것이 있으면 운전해서 가져다줄 수 있으니 감사하고, 어머니가 수술을 받으셔야 하지만 수술 후에 더 좋아진다는 소식에 감사했습니다. 아이가 여전히 병원에 있지만 나을 수 있는 병이라 감사하고, 치료받을 병원이 있는 것도 감사하고, 아내가 몸조리도 제대로 못 했지만 건강한 것도 감사하고, 불평하지 않는 아내를 주신 것도 감사했습니다.

감사를 고백할 때 불평과 원망이 모두 떠나갔습니다. 그리고 낙심의 눈물을 흘리던 주차장이 감사의 눈물을 흘리는 은혜의 장소로 바뀌었습니다.

내가 어디에 서 있든지, 하나님을 먼저 바라볼 때 감사할 이유가 있고, 감사를 선택하면 이 작은 나를 통해 하나님의 뜻이 이루어진다는 것을 알게 되었습니다. 어떤 환경에 서 있든지 믿음으로 감사를 찾아 고백하면 그곳은 은혜의 장소로 바뀝니다.

지금 어떠한 환경에 있더라도 감사할 수 있는 이유가 있습니다. 하나님이 그곳에 계시기 때문이며, 여전히 나를 사랑하고 계시고, 구원하신 사랑은 여전히 변하지 않기 때문입니다.

진실한 감사가 고난을 이기게 합니다. 오늘 이 책을 읽는 귀한 당신에게도 감사할 이유가 분명히 있습니다. 하나님을 바라보고 묵상하며 믿음으로 찾으면 찾아집니다. 그리고 하나의 감사를 찾으면 두 개의 감사가 보일 것입니다.

고난 중에 계십니까? 지금은 더 깊은 감사를 찾을 때입니다. 고난 중의 감사는 진주보다 귀하고 주님을 기쁘시게 할 것입니다.

감
사

오늘 숨을 쉬는 것 감사
나를 구원하신 것 감사

내 뜻대로 안 돼도 주가 인도하신 것
모든 것 감사

내게 주신 모든 것 감사
때론 가져가심도 감사

내게 고난 주셔서 주 뜻 알게 하신 것
모든 것 감사

주님 감사해요
주님 감사해요
내가 여기까지 온 것도 은혜입니다

주님 감사해요
주님 감사해요
나를 사랑하신 주 사랑 감사합니다

항상 주 안에 있음 감사
참된 소망 주심도 감사

나 같은 사람도 자녀 삼아주신 것

모든 것 감사

주님 감사해요
주님 감사해요
내가 여기까지 온 것도 은혜입니다

주님 감사해요
주님 감사해요
나를 사랑하신 주 사랑 감사합니다

chapter
04
은혜

　2018년에 노트에 '은혜'라고 제목을 짓고 삶을 뒤돌아보며 가사를 묵상하고 있었습니다. 하지만 2년이 지난 2020년에는 전에 쓴 가사를 다 지우고 다시 작사하게 되었습니다.

　그때 저는 목사 안수를 앞두고 제가 과연 목회자로서 새로운 길을 잘 걸어갈 수 있을지 하나님께 계속 여쭤보고 있었습니다. 그리고 그 해, 코로나가 시작되고 장기화되면서 우리는 당연하게 생각했던 많은 것을 잃어버렸습니다.

　그런 가운데 저는 우리에게 주어진 것 중에 당연한 건 하나도 없었다는 것을 새롭게 깨닫고 새로운 가사를 쓰게 되었습니다. 전에는 가사를 적을 때 '내 삶에 무엇이 은혜인가?'를 고민했는데 이제는 '내 삶에 은혜가 아닌 것이 무엇인가?'로 그 고민이 바뀌었습니다.

　그때부터 '주님, 은혜를 주세요' 대신 '주님, 저에게 베풀어주신 은혜를 발견할 수 있는 믿음의 눈을 주세요'라고 기도하며 가사를 써 내려갔습니다.

　'은혜'라는 안경을 쓰고 찾아보니 은혜 아닌 것이 없었습니다. 당연했던 모든 것이 새롭게 보였습니다. 당연하게 생각했던 하나하나가 모두 하나님이 세밀하게 베풀어주신 은혜였음을 알게 되었습니다.

모든 것이 은혜, 은혜

삶의 시작과 지나온 모든 시간이 은혜

삶을 뒤돌아보니 먼저 이 땅에 제가 태어나 살아가고 있다는 사실이 너무 감사하게 다가왔습니다.

내 삶은 사람이 계획해서, 또는 우연히 시작된 것이 아닙니다. 하나님께서 그분의 놀라우신 섭리 가운데 나를 지으시고 이 땅에 보내신 것입니다.

곧 창세 전에 그리스도 안에서 우리를 택하사
우리로 사랑 안에서 그 앞에
거룩하고 흠이 없게 하시려고
그 기쁘신 뜻대로 우리를 예정하사
예수 그리스도로 말미암아
자기의 아들들이 되게 하셨으니 .

에베소서 1장 4,5절

하나님께서 태초부터 이미 나를, 또 우리 각 사람을 선택하시고 이 땅에, 이 시대에 태어나 살아가게 하신 것이 너무 큰 은혜입니다.

이 땅에 태어났기에 하나님을 알 수 있었고, 인격적으로 만날 수 있었고, 그분의 자녀가 될 수 있었습니다. 삶이 없었다면 하나님도 몰랐을 것입니다. 하나님을 만날 수 있어서, 그분과 동행할 수 있어서 삶이 곧 은혜였습니다.

사진첩을 처음부터 살펴보니 여러 사진이 있었습니다. 이미 기억 속에서 사라져버린 모습들, 어떻게 이 시간을 버티며 지나올 수 있었을까 하는 순간들, 행복했던 순간들, 또 힘들고 아파했던 순간들…. 부끄러웠던 날들의 기억도 있었습니다.

잠시 눈을 감았다 뜬 것 같은데 많은 시간을 지나왔습니다. 지금까지 하나님께서 지켜주셨습니다. 돌아보니 한순간, 한순간 은혜가 아닌 순간이 없었습니다. 내 힘으로 얻은 것이 하나도 없고, 내 힘으로 버틴 적이 없고, 하나님의 은혜로 여기까지 왔습니다. 나의 흰머리와 주름진 눈가가 은혜의 여정을 걸어왔음을 보여줍니다.

바쁜 일상을 지나면서 어느새 은혜를 잊고 살지 않았는지 돌아보게 되었습니다. 지나온 모든 시간이 하나님의 은혜였습니다. 그리고 지금 지나는 모든 시간, 걸어가는 모든 순간이 은혜라는 것을 이 시간이 지나면 또한 선명하게 알게 될 것입니다.

가족을 만난 은혜

제 삶에 믿음의 아내를 만난 것이 은혜입니다. 아내는 아무것도 없고 아무도 주목하지 않는 평범한 사역자에게 시집와서 고생을 참 많이 했습니다.

제가 대학 진학을 포기하고 공장에 가서 일할 때 몸도 너무 힘들었지만, 그것 못지않게 힘든 것은 '외로움'이었습니다. 학교 친구들도 교회 친구들도 다 대학에 가니 모이면 그들은 학점 얘기를 하고 학교 얘기를 하는데 저는 함께 이야기할 거리가 없었습니다. 그러다 보니 주변에 점점 사람이 사라져갔습니다.

그때, 하나님은 놀랍게도 저와 비슷한 사람이 있다는 것을 알게 해주셨습니다. 고등학교 때 공부를 참 잘하던 친구인데 그 친구도 가정 형편이 너무 어려워서 대학에 가는 대신 취업을 했다는 것이었습니다.

그래서 연락해 보니 저와 같은 상황이었습니다. 교회에서 집으로 가는 방향이 같아서 많은 이야기를 나눌 수 있었고, 점점 가까워져서 속마음을 나누는 사이가 되었습니다.

그 친구도 저처럼 찬양하는 것을 좋아하고 특히 피아노 치는 것을 좋아해서 제가 같이 찬양 사역을 하자고 권했습니다. 찬양 사역 팀에서 저는 스피커를 나르고 그 친구는 반주로 섬겼습니다. 바로 지금 제 아내가 된 김정희 사모입니다.

처음 결혼을 계획한 2008년 당시에 저는 자비량 사역을 계속하고 있어서 따로 모아둔 돈이 없고 100만 원 정도를 가지고 있을 뿐이었습니다. 그해 교회에서는 캄보디아로 단기선교를 갈 예정이어서 저는 모아둔 돈을 선교비로 사용하고, 결혼식을 교회에서 올리고 캄보디아로 신혼여행을 겸해서 떠나려고 했습니다.

하지만 이 사실을 알게 된 교회 권사님들께서 말려주셨고, 교회의 많은 분이 도움을 주셔서 아름답게 결혼식을 올릴 수 있었습니다. 또한 친구와 친구 어머니의 도움으로 다른 곳으로 신혼여행도 다녀올 수 있었습니다.

산밑에 있는 저희 집에서 신혼생활이 시작되었습니다. 제가 어릴 적부터 살던 곳으로, 외할아버지께서 30년 전에 직접 흙으로 지으신 친환경적인 집입니다. 앞에는 논과 시냇가가 있으며 항상 귀뚜라미, 개구리, 곤충들이 살았고, 뒤쪽은 무덤이 있는 야산이었습니다.

아내는 첫 아이를 낳고 그 집에서 몸조리를 했습니다. 씻는 곳이 밖에 있어서 씻으려 해도, 밥을 먹으려 해도 신발을 신고 나가야 했고, 아이를 씻길 때면 물을 대야에 받아 방에 들고 들어와서 씻겨야

했습니다. 화장실은 재래식 화장실을 같이 사용했습니다. 그렇지만 한 번도 불평한 적이 없는 아내입니다.

집이 너무 추워 걱정하던 어느 겨울날, 아내가 국민임대 아파트 청약이 나왔다고 알려주어서 그 청약을 신청했습니다. 그리고 나중에 함께 결과를 보러 갔는데 저희는 떨어졌습니다.

사실 저는 청약이라는 단어도 잘 몰랐기 때문에 실망하지 않았는데 옆을 보니 아내가 숨죽여 울고 있었습니다. 한 번도 옆에서 눈물을 흘린 적이 없는 아내가 처음으로 우는 모습을 보았습니다. 그동안 아내는 힘들어도 표현하지 않고 버텨준 것이었습니다.

그때를 되돌아보면서 아내가 제 옆에서 함께 사역하고 살아가는 것이 당연하지 않다는 것을 알게 되었습니다. 믿음의 아내를 얻게 해주신 하나님의 은혜입니다.

누가 현숙한 여인을 찾아 얻겠느냐
그의 값은 진주보다 더하니라
잠언 31장 10절

아이들을 만난 것이 은혜입니다. 하나님께서 제게 귀한 자녀를 3명이나 선물로 주셨습니다. 내성적이던 저는 한 번도 사람들 앞에서 저를 표현한 적이 없습니다. 기뻐도 춤을 춰본 경험이 없습니다. 그런데 아이들과 만난 후 먼저는 하나님이 우리를 바라보시는 마음과 시선이 어떤지 조금이나마 깨닫게 되었습니다. 그리고 찬양할 때도 아이들과 함께할 때면 사람을 의식하지 않는 표정이 되고, 춤도 추게 되었습니다.

평소에 가정 안에서 사랑한다는 말을 나눈 적은 없었는데 아이들과 만나고 나서 사랑한다고 이야기하는 것이 얼마나 행복한 일인지 알게 되었고, 아끼지 않고 아이들과 사랑을 나누게 되었습니다. 아이들을 만난 것이 은혜입니다.

우리에게 가족을 주신 것도 은혜이고, 가족과 함께 살아갈 시간을 주신 것도 은혜이며, 또한 천국에서 다시 만날 소망을 주신 것도 은혜입니다.

믿음을 자라게 한 만남의 은혜

어린 시절, 주일이면 어머니가 온종일 교회에 계셔서 저도 어머니를 따라서 종일 교회에 있었습니다. 저는 어머니가 울며 기도하시는 모습뿐만 아니라 교회에서 행복하게 찬양하고 봉사하시는 모습도 보고 자랐습니다.

많은 예배를 드렸습니다. 9시 주일학교 예배, 11시 예배, 구역예배, 7시 저녁예배 등 여러 번의 예배를 드리면서 어릴 때는 지겹기도 했지만, 시간이 갈수록 말씀이 들려왔습니다.

말씀 가운데 하나님이 나를 사랑하시고, 나를 향한 계획이 있으시고, 나를 인도하심을 알 수 있었습니다.

그러므로 믿음은 들음에서 나며
들음은 그리스도의 말씀으로 말미암았느니라
로마서 10장 17절

말씀을 듣고 주일학교에서 성경을 공부함으로 어린 저의 마음에 믿음이 자라나기 시작했습니다. 마음속에 말씀이 새겨져 말씀을 통해서 세상을 볼 수 있게 되었습니다. 그리고 청소년과 청년 시절에는 제 마음 가운데 늘 욥기 23장 10절 말씀이 있었습니다.

그러나 내가 가는 길을 그가 아시나니
그가 나를 단련하신 후에는 내가 순금같이 되어 나오리라
욥기 23장 10절

말씀을 통해 제 삶을 보니 '지금 내 삶의 어려움, 가난함, 외로움… 그 모든 것이 그저 뜻 없는 어려움이나 우리 하나님이 불공평

하신 것이 아니라 하나님이 지금 나를 단련하시는 중이며, 이 단련을 마친 후에는 나를 순금같이 나오게 하셔서 귀히 사용하실 것'이라는 굳건한 믿음이 있었습니다. 돌아보니 저의 삶은 특별한 연단이었습니다.

또한 교회에서 부르는 찬양이 처음에는 제게 단순한 노래였지만, 시간이 지날수록 삶의 고백이 되었습니다. 일할 때도 항상 찬송을 흥얼거렸습니다. 어린 시절부터 성가대와 찬양단을 하면서 세상 노래보다 찬양을 듣고 부르는 시간이 많아 제 입술에 늘 찬양이 있었습니다.

그 찬양의 가사들은 지금 제 신앙에 큰 도움이 되었습니다. 중고등부 시절 교회에서 예배를 드리고 찬양하는 시간, 또 마음을 나누며 교제하는 일들이 저에게 큰 기쁨이 되었습니다.

노래로 무언가를 배우면 잊히지 않고 계속 생각납니다.

"날 사랑하심 날 사랑하심 날 사랑하심 성경에 써 있네"

"예수님은 생명의 참 포도나무 아버지는 포도원 농부시니…"

"돈으로도 못 가요 하나님나라… 거듭나면 가는 나라 하나님나라"

"너는 내 아들이라 오늘날 내가 너를 낳았도다"

혼란스러운 시기였지만, 어려울 때마다 찬양 중의 가사가 위로와 힘이 되어 믿음으로 살아가는 데 큰 도움을 주었습니다.

교회 공동체에서는 저희 가정에 많은 사랑을 주셨습니다. 목사님이 늘 축복해주시고, 권사님들은 남은 성미를 챙겨주기도 하시고, 어떤 집사님은 음식을 가져다주기도 하셨습니다.

환경은 어려웠지만, 말씀을 통해 이미 제 안에 믿음이 있었고, 구원의 확신이 있었고, 믿음의 공동체로부터 받은 사랑이 마음에 가득 차 있었기 때문에 세상적인 행복과 불행의 기준이 제 마음에 영향을 주지 못했습니다.

매일 새로운 하루를 주시는 은혜

매일 새로운 하루가 시작되는 것에는 놀라운 의미가 있습니다. 하나님은 우리에게 매일 새로운 역사의 시작에 동참할 기회를 주시고 새로운 기회를 주십니다.

우리가 죄를 지어도 새로운 하루가 옵니다. 나에게 다시 돌아올 기회와 회개할 시간을 주시는 것입니다. 어제까지 내 마음대로 살아왔습니까? 세상의 꿈을 꾸고 살아왔습니까? 오늘부터는 하늘의 것을 구하며 귀한 삶을 살라고 기회를 주십니다.

어제까지는 내가 쓸모없는 사람이라고 생각했습니까? 오늘부터는 나를 부르시고 나의 약함을 통해 일하시는 능력의 주님을 바라볼 기회를 주십니다.

어제까지 미워하며 원망하며 살아왔습니까? 그럼 오늘부터는 죄인 된 나를 사랑하신 예수님의 사랑으로 용서하고 사랑하며 다시 새롭게 살라고 새로운 하루를 주신 것입니다.

어제까지 '나는 안돼…'라며 포기하고 절망하며 살아왔습니까? 그럼 오늘부터 내게 능력 주시는 하나님을 의지하며 포기하지 말고 다시 일어서라고 새로운 오늘을 주신 것입니다.

매일 새로운 하루를 주심이 은혜입니다.

주의 약속은
어떤 이들이 더디다고 생각하는 것같이 더딘 것이 아니라
오직 주께서는 너희를 대하여 오래 참으사
아무도 멸망하지 아니하고
다 회개하기에 이르기를 원하시느니라
베드로후서 3장 9절

만물을 누리게 하시는 은혜

은혜라는 안경을 쓰고 삶을 바라보니 매일 보는 자연환경도 다르게 보였습니다. 자연과 만물을 누리는 것도 하나님이 값없이 주신 은혜였습니다.

여행할 때 아름다운 풍경을 보면 마음이 시원하고 편안해질 때가 있습니다. 이것도 당연한 일이 아니라 하나님께서 만물을 통해 그분의 사랑을 나타내고 계신다는

것을 묵상하게 되었습니다. 하나님이 지으신 천지 만물이 그분의 섭리와 사랑과 위대하심을 나타내고 있습니다.

평소에는 무심히 여겼던 태양도 은혜라는 안경을 쓰고 보니 다르게 보였습니다. 〈은혜〉의 가사를 묵상하던 무렵, 토요일 새벽예배를 마치고 나올 때였습니다. 아침 해가 떠오르는데 그날따라 매일 해가 뜬다는 것이 새롭게 다가왔습니다. 하나님께서 제 마음에 꼭 이렇게 말씀하시는 것 같았습니다.

'경민아, 네가 살아온 40년 동안 태양이 뜨지 않은 날이 있었니? 이 태양보다 신실하게 내가 너를 지키고 사랑하고 있단다.'

매일 떠오르는 태양을 통해서 하나님의 신실하심을 느끼듯 바다를 통해 그분의 넓으신 사랑을 느낄 수 있습니다. 자연 만물을 통해 그분의 신실하심과 위대하심을 바라볼 수 있습니다. 그분의 아름다움을 느낄 수 있습니다. 자연 만물을 누리며 사는 것도 당연한 일이 아니라 은혜입니다.

창세로부터 그의 보이지 아니하는 것들
곧 그의 영원하신 능력과 신성이
그가 만드신 만물에 분명히 보여 알려졌나니

그러므로 그들이 핑계하지 못할지니라

로마서 1장 20절

하나님의 자녀로 삼아주신 은혜

어릴 적부터 예수님을 믿은 것, 십자가의 은혜로 구원받아 하나님의 자녀가 된 것이 가장 큰 은혜임을 깨닫게 되었습니다. 매일 그 은혜를 누리고 있기에 어쩌면 한순간이라도 당연하게 받아들이지 않았는지 뒤돌아보았습니다.

십자가의 예수님 곁에 달린 강도 중 한 명은 죽기 직전에 구원을 받았습니다. 자기의 죗값으로 가장 비참한 인생의 마지막을 맞이할 때, 삶의 그 마지막 순간에 값없이 은혜로 구원을 받습니다.

강도의 입장이 되어서 생각해보았습니다. 비참한 인생이 되어 고통 가운데 떠나갈 나를 구원하신 그 은혜는 말로 다 할 수 없을 정도일 것입니다. 아마도 세상 모든 곳에 외치고 싶었을 것입니다.

오늘 나는 구원받은 기쁨과 감격, 감사가 예수님 곁에서 구원받은 그 강도보다 못하지 않은지 생각해보았습니다. 내가 구원받은 것은 세상에서 가장 큰 기쁨입니다.

이르되 예수여 당신의 나라에 임하실 때에
나를 기억하소서 하니

예수께서 이르시되 내가 진실로 네게 이르노니
오늘 네가 나와 함께 낙원에 있으리라 하시니라
누가복음 23장 42,43절

어떤 나라에 단기선교를 가서 한 대학교 앞에서 전도지를 들고
전도한 적이 있습니다. 2시간가량 전도하는 동안 놀란 일이 여러 가
지 있었습니다.

먼저는 예수님을 모르는 사람이 너무 많다는 것입니다. 우리나라
에 예수님을 안 믿는 사람은 있어도 모르는 사람은 없을 것 같습니
다. 그런데 이 나라에는 예수님에 관해 아예 들어보지도 못한 청년
들이 있다는 사실이 충격이었습니다.

그리고 대부분은 전도지조차 받지 않았습니다. 2시간 동안 수천
명이 제 앞을 지나갔지만 전도지를 받은 사람은 17명에 불과했습니
다. 이곳에서 예수님을 믿고 하나님의 자녀가 되는 것은 정말 기적
과 같은 일일 것입니다.

어릴 적부터 예수님을 믿고 그분을 받아들인 것, 하나님이 나를
만나주신 것, 이 모든 것이 기적과 같은 일이었습니다. 하나님이 은
혜로 내 마음을 열어주지 않으셨다면 2천 년 전에 저 먼 유대 땅에
살았던 청년을 어떻게 하나님의 아들로 믿을 수 있을까요?

하나님께서 제 마음을 열어주시고, 믿을 수 있는 믿음을 주셨기

모든 것이 은혜, 은혜, 은혜

때문에 제가 인간의 몸으로 오신 하나님의 아들 예수님을 구주로 믿게 되었습니다. 하나님의 자녀가 된 것이 은혜입니다.

내가 너희를 고아와 같이 버려두지 아니하고
너희에게로 오리라
요한복음 14장 18절

우리 주 예수 그리스도의 하나님 영광의 아버지께서
지혜와 계시의 영을 너희에게 주사 하나님을 알게 하시고
에베소서 1장 17절

사명과 직분을 주신 은혜

우리가 다 그렇지만 저에게도 특히 복음을 전하는 사명을 주신 것이 은혜입니다. 바울은 디모데에게 보낸 서신에서 직분을 맡겨주신 것에 대한 감사를 기록했습니다.

나를 능하게 하신 그리스도 예수 우리 주께
내가 감사함은
나를 충성되이 여겨 내게 직분을 맡기심이니
디모데전서 1장 12절

〈은혜〉라는 찬양의 가사를 쓰면서 가장 마음속에 울림이 있던 부분은 "복음을 전할 수 있는 축복이 당연한 것 아니라 은혜였소"입니다.

주님에 대해서 깊게 알아갈수록, 살아가면서 주님과 동행하는 시간이 길어질수록, 그분의 빛에 가까이 다가갈수록 '나'라는 사람이 얼마나 추하고 자격이 없는지 알게 됩니다.

제가 이제까지 행한 일들을 누군가 다 아는 사람이 있다면 아마도 부끄러워서 그 사람을 피해 다닐 것입니다. 또한 사람들이 반만 알게 된다고 하더라도 아마 고개를 들고 다니지 못할 것입니다.

그런데 저의 모든 것을 다 아시는 하나님은 그 죄를 통해 저를 심판하시는 게 아니라 오히려 아들을 보내어 대신 죽게 하시고, 그로 인해 제 모든 죄를 깨끗하게 해주시고, 자녀라고 불러주실 뿐만 아니라 이 부족한 사람을 가장 귀한 복음을 전하는 사람으로 세워주셨습니다. 이것이 은혜이고 축복입니다.

이 책을 읽는 분 중에 직분을 맡은 분이 계신다면 '나에게 직분을 맡겨주신 것이 은혜'임을 마음 깊이 깨닫고 감사하시기를 소망합니다. 집사, 권사, 장로로 세우시고 교사로, 리더로, 임원으로 세우신 것, 또한 성도로 세워주신 것을 하나님께 감사하시기를 소망합니다. 복음을 전할 수 있는 것은 축복이며, 이것은 당연한 것이 아니라 은혜입니다.

우리의 삶을 빛나게 하시는 은혜

우리는 하나님을 알기 전부터 하나님의 은혜 안에 있었습니다.

너를 만들고 너를 모태에서부터 지어낸
너를 도와줄 여호와가 이같이 말하노라
나의 종 야곱, 내가 택한 여수룬아
두려워하지 말라
이사야서 44장 2절

어머니의 태중에 있을 때도 하나님은 우리를 아셨습니다. 어머니가 자라도록 한 것 같지만 조금 생각해본다면 어머니의 태의 문을 여신 것이 하나님이시며, 어머니에게 먹을 양식을 주신 분이 하나님이시며, 어머니의 양식이 된 쌀과 물을 만드신 이가 하나님이심을 알게 됩니다. 우리는 태어나기 전부터 그분의 은혜 안에 있었습니다.

또한 하나님의 자녀가 되기 전부터 이미 받은 은혜가 있습니다. 내가 하나님을 알지 못한 그때에도 우리 하나님은 만물을 주관하고 계셨고 그분의 섭리에 따라서 일하고 계셨습니다.

하늘의 해와 달과 별을 주관하고 계시며

지구와의 거리를 지키시고

필요한 곳에 비를 내리시며

하루도 빠짐없이 태양을 뜨게 하시고

바다와 육지의 경계를 매일 지키십니다.

계절의 변화를 주관하시며

겨울의 씨앗을 지키시고

새싹이 돋아나기까지 도우시며

꽃을 피우고 열매를 맺게 하십니다.

바다를 거스르는 연어의 모습을 지켜보시며

넓은 초원의 동물들과 곤충들의 모습을 보고 계십니다.

우리 삶이 하나님의 넘치는 은혜 안에 있음을 알게 될 때 내 삶이 얼마나 귀하고 아름다운지 알게 됩니다.

때로는 신앙생활 가운데 지칠 때가 있습니다. 몸이 힘들기보다 하나님의 은혜를 잊어버려서 그럴 때가 많습니다. 하나님의 은혜는 마르지 않습니다. 나의 눈이 어두울 뿐, 지금도 은혜를 공급해주십니다.

이스라엘을 지키시는 이는
졸지도 아니하시고 주무시지도 아니하시리로다
시편 121편 4절

평범함과 부족함의 은혜

저에게는 '평범함'이 은혜였습니다. 음악교육을 받지는 않았지만
어린 시절부터 교회에서 찬양하는 것이 좋아서 매일 연습했습니다.
재능이 뛰어나지도 않았지만 포기하지 않고 노력했습니다.

서른 살에 처음으로 클래식 작곡을 공부하게 되었습니다. 사람들
이 보기에 너무 늦은 나이입니다. 작곡하고 가사를 묵상하는 그 시
간이 하나님과의 가장 친밀한 시간이어서 아무도 시키지 않았음에
도 매일 묵상하고 작곡하는 일을 쉬지 않았습니다.

찬양 사역을 20년간 했고, 10년간 작곡을 했지만 아무도 모르는
무명의 사역자였습니다. 모두가 꿈꾸는 유명한 대학을 나오지 않았
으며, 천재적인 재능도 없습니다. 그런 저를 하나님께서 사용해주셔
서 〈은혜〉라는 찬양을 작사, 작곡하게 하시고 코로나 시기에 이 찬
양을 통해 많은 위로와 은혜를 나눌 수 있게 해주셨습니다.

'왜 이 부족한 나를 통해서 일하셨을까' 하고 생각해보니, 자랑할
것이 하나도 없는 저를 통해서 하나님만 자랑할 수 있도록 허락해

주셨다는 생각이 들었습니다.

모든 것이 '은혜'라고밖에 말할 수 없는 부족한 사람을 통해 나를 드러내지 않고 오직 하나님의 영광만 나타낼 수 있도록 함께해주신 것이 감사했습니다. 평범하고 부족하여 오히려 하나님만을 나타낼 수 있는 사람인 저를 사용해주신 하나님의 은혜입니다.

저는 부족하기에 곡을 작곡할 때 많은 기도를 합니다. 전적으로 하나님께서 도우셔야 할 수 있는 사람입니다. 또한 자신이 없어서 가사를 쓰고 곡의 멜로디를 붙일 때면 수백 번, 아니 수천 번 불러보고 들어봅니다.

부족하기에 겸손하게 노력하며 하나님을 의지할 수 있었습니다. 마른 나뭇가지 같은 저를, 어린 나귀 같은 저를 사용해주신 하나님께 감사를 올려드립니다. 저의 평범함이 은혜입니다. 이 평범함으로, 부족함으로, 하나님을 의지하고 가까이할 수 있었기에 그것을 '은혜'라고 표현하고 싶습니다.

저의 작은 눈과 적은 지혜로는 하나님이 베푸신 은혜를 다 알 수 없고 측량할 수도 없습니다. 다만 지금도 은혜 안에서 살아가고 있으며 은혜가 넘치고 있음을 알고 있습니다.

우리의 지나온 순간들을 '은혜'라고 고백하는 것은 그 일이 다 잘되었기 때문이 아닙니다. 잘될 때도 있지만 때로는 실패라고 여겨지는 순간도 있습니다. 그러나 모든 순간에 하나님이 함께하셨기에 은혜라고 고백합니다.

　잘될 때는 내 힘이 아니라 내게 생명 주시고 붙잡아주신 것이 은혜, 잘되지 않았을 때는 그로 인하여 하나님을 더 의지하고 더 가까이하며 그분의 뜻을 알아 순종하게 되기에 고난도 은혜라고 고백합니다.

　잊지 말아야 할 사실이 있습니다. 우리는 지금도 은혜의 순간을 보내고 있습니다. 코로나 시기와 더 어려웠던 이전에도 하나님의 은혜의 강물은 한 번도 멈춘 적이 없습니다.

　은혜가 은혜인 것을 알게 하신 하나님께 영광 올려드립니다.

은혜

내가 누려왔던 모든 것들이
내가 지나왔던 모든 시간이

내가 걸어왔던 모든 순간이
당연한 것 아니라 은혜였소

아침 해가 뜨고 저녁의 노을
봄의 꽃향기와 가을의 열매

변하는 계절의 모든 순간이
당연한 것 아니라 은혜였소

모든 것이 은혜 은혜 은혜
한없는 은혜

내 삶에 당연한 건 하나도 없었던 것을
모든 것이 은혜 은혜였소

내가 이 땅에 태어나 사는 것
어린아이 시절과 지금까지

숨을 쉬며 살며 꿈을 꾸는 삶
당연한 것 아니라 은혜였소

내가 하나님의 자녀로 살며
오늘 찬양하고 예배하는 삶

복음을 전할 수 있는 축복이
당연한 것 아니라 은혜였소

모든 것이 은혜 은혜 은혜
한없는 은혜

내 삶에 당연한 건 하나도 없었던 것을
모든 것이 은혜 은혜였소

chapter

05

충만

2019년에 사도행전 말씀을 묵상하고 있었습니다. 16장 말씀을 묵상할 때 의문이 생기는 구절이 있었습니다.

> 한밤중에 바울과 실라가 기도하고
> 하나님을 찬송하매 죄수들이 듣더라
> 이에 갑자기 큰 지진이 나서
> 옥터가 움직이고 문이 곧 다 열리며
> 모든 사람의 매인 것이 다 벗어진지라
>
> 사도행전 16장 25,26절

말씀의 배경이 이렇습니다. 바울과 실라가 기도처로 가다가 귀신 들린 여종을 만나게 되었습니다. 그래서 이 여종을 고쳐주었는데, 그녀를 통해 돈을 벌고 있던 주인들은 자기 수익의 소망이 끊어진 것을 보고 바울과 실라를 관리들에게 끌고 가 고발합니다. 바울과 실라는 많은 매를 맞은 후에 발이 쇠고랑으로 묶이게 되었습니다.

의문은 여기서부터 시작되었습니다.

무시아 앞에 이르러 비두니아로 가고자 애쓰되
예수의 영이 허락하지 아니하시는지라
사도행전 16장 7절

사실 바울과 실라는 억울하다고 호소할 수 있는 상황입니다. 바울은 원래 가고자 하는 곳이 있었는데 예수님의 영이 허락하지 않아서 자기의 뜻을 내려놓고 주님의 뜻을 따라서 빌립보 지역까지 왔습니다. 그리고 기도하러 가다가 귀신 들린 종을 고쳐주었고, 잘못한 것이 없는데도 억울하게 매를 맞고 깊은 감옥에 갇혀 있습니다.

정상적인 사람이라면 자기의 억울함을 항변하거나, 언제 풀려날지 몰라서 두려워하거나, 육신의 아픔으로 신음하고 있어야 합니다. 그런데 16장 말씀에 그런 구절이 없습니다. 바울과 실라가 매를 맞고 갇히고 묶이고 나서 처음 한 일이 기도였습니다.

'똑같은 상황이 올 때 나는 과연 그럴 수 있을까? 또한 정말 이것이 가능한 일일까?'

고민하며 오랜 시간 묵상하는 제게 하나님께서 두 글자 단어를 생각나게 해주셨습니다. 바로 '충만'입니다.

'아…, 예수님으로 심령이 충만하게 되니 마음속에 근심이나 두려움이 들어올 수 없는 거구나!'

예수님으로 충만한 사람은 세상을 두려워하지 않고, 어떤 상황에서도 하나님을 찬송할 수 있다는 깨달음을 주셔서 이것을 묵상하며 저는 〈충만〉이라는 곡을 쓰기로 하고 곡에 대한 기도를 시작했습니다. 그리고 '충만한 사람은 어떤 사람인가?'를 묵상했습니다.

충만한 사람이란

무명이어도 공허하지 않은 사람

바울은 그 시대 최고의 석학인 가말리엘의 제자였습니다. 바리새인이었으며, 차기 지도층이 될 사람으로 알려져 있습니다. 주변에 사람도 참 많았을 것입니다. 그러나 빌립보에서 말씀을 전하던 '지금'은 아무도 알아주지 않고 오히려 비난을 받는 처지가 되었습니다. 많은 사람이 그에게서 떠나갔습니다.

처음부터 유명하지 않았다면 아무렇지도 않겠지만 많은 사람에게 주목받았던 유명한 자가 이제 무명한 자가 되었습니다. 그럼에도 바울은 공허해하지 않았습니다. 이미 예수님 안에 있는 기쁨이 넘치고 있었습니다.

무명한 자 같으나 유명한 자요
죽은 자 같으나 보라 우리가 살아 있고
징계를 받는 자 같으나 죽임을 당하지 아니하고
고린도후서 6장 9절

혹시 내가 한 일을 아무도 알아주지 않고, 아무도 나를 주목하지 않아서 서운한 마음이 드십니까? 사람들이 알아주는 인생이 행복한 것이 아닙니다. 하나님께 인정받는 것이 중요합니다. 충만한 사람의 마음속에는 공허함이 자리잡을 수 없습니다. 오늘 예수님으로 충만해집시다. 모든 공허함이 떠나갈 줄 믿습니다.

가난해도 부족하지 않은 사람

또한 충만한 사람은 가난해도 부족하지 않다고 고백하며 주 안에 자족하는 부요한 삶을 사는 사람인 것을 알게 되었습니다.

바울은 집도 없고, 재산도 없고, 고정적인 재정수입도 없었습니다. 그는 가난했습니다. 예수님의 복음을 전하며 전도할 때, 필요한 재정을 위해서 천막을 만들었다고 사도행전 18장 3절에 기록되어 있습니다.

그럼에도 바울은 가난함을 비관하지 않습니다. 오히려 그것과 상관없이 자족하며 주 안에서 모든 것을 할 수 있다고 담대히 고백합니다.

내가 궁핍하므로 말하는 것이 아니니라
어떠한 형편에든지 나는 자족하기를 배웠노니
나는 비천에 처할 줄도 알고 풍부에 처할 줄도 알아
모든 일 곧 배부름과 배고픔과 풍부와 궁핍에도
처할 줄 아는 일체의 비결을 배웠노라
내게 능력 주시는 자 안에서
내가 모든 것을 할 수 있느니라
빌립보서 4장 11–13절

고난 중에도 낙심하지 않는 사람

충만한 사람은 고난 중에도 낙심하지 않고 그 고난을 견뎌낼 수 있습니다. 고난 중에도 선하신 하나님의 계획과 섭리를 인정하며 신뢰하는 사람이기 때문입니다.

바울과 실라가 감옥에서도 기도하고 찬양할 수 있었던 것은 하나님이 어떠한 분이신지 확실히 알고 있었기 때문입니다. 나를 위해 십자가를 지시고, 죽으시고, 부활하신 주님이 인도하고 계시니 오늘의 고난이 끝이 아니라는 것을, 그리고 고난 너머에 그분이 가지고 계신 놀라운 계획을 알았던 것입니다.

바울은 이렇게 고백합니다.

생각하건대 현재의 고난은
장차 우리에게 나타날 영광과 비교할 수 없도다
로마서 8장 18절

실패해도 일어설 수 있는 사람

충만한 사람은 실패해도 일어설 수 있습니다. 승리하신 예수님을 따라가므로 승리가 예정된 사람이기 때문입니다.

바울과 실라는 기도하러 갈 때 귀신 들린 여종을 만나 고쳐주었고, 기도하지 못하고 매 맞고 쇠고랑에 묶여 감옥에 갇혔습니다. 그러나 성경은 그들이 실패했다고 말씀하지 않습니다. 바울과 실라는 자기가 있는 그곳에서 기도했습니다. 기도처에서 전심으로 기도하지 못했고, 매 맞고 피가 나고 몸이 붓고 묶여있어서 어쩌면 무릎을 제대로 꿇지 못한 채 기도했을 것입니다.

세상의 관점과 시각으로는 실패로 보이지만 하나님의 큰 계획 가운데에서는 실패가 아닙니다. 고난 중에 하나님이 기뻐하시는 기도를 드렸습니다. 그러하기에 다시 일어설 수 있었습니다.

이는 내 생각이 너희의 생각과 다르며
내 길은 너희의 길과 다름이니라
여호와의 말씀이니라
이는 하늘이 땅보다 높음같이
내 길은 너희의 길보다 높으며
내 생각은 너희의 생각보다 높음이니라
이사야서 55장 8,9절

몸의 약함으로 낙심하지 않는 사람

충만한 사람은 약하고 병든 몸으로 인해 낙심하지 않습니다. 바울에게는 병이 있었습니다. 성경학자들은 간질 혹은 안질이라고 추정합니다. 바울은 몸이 약했지만, 그것 때문에 낙심하지 않았습니다. 이미 예수님의 영으로 충만한 바울은 주 안에서 완전함을 알고 있었습니다.

바울은 고린도후서 12장 10절에서 "그러므로 내가 그리스도를 위하여 약한 것들과 능욕과 궁핍과 박해와 곤고를 기뻐하노니 이는 내가 약한 그때에 강함이라"라고 고백합니다.

태어나면서부터 선천적으로 몸이 약해 낙심하고 계십니까? 하나님은 의미 없는 일을 행하시는 분이 아님을 기억하기 바랍니다. 하나님은 나의 약함을 약함으로 끝내시는 분이 아닙니다. 분명히 내가 약하다고 생각하는 부분을 통해서 일하실 것입니다.

화려한 세상이 부럽지 않은 사람

충만한 사람은 세상의 화려함을 좇아 살지 않습니다. 이 땅의 것에 소망을 두지 않고 하늘의 것에 소망을 두며 살아갑니다. 바울은 그 오랜 시간 동안 쌓아온 명성과 지식을 예수님을 아는 지식 앞에서 해로 여긴다고 고백합니다.

또한 모든 것을 해로 여김은
내 주 그리스도 예수를 아는 지식이
가장 고상하기 때문이라
내가 그를 위하여
모든 것을 잃어버리고 배설물로 여김은
그리스도를 얻고

빌립보서 3장 8절

성경을 보면, 바울은 자기의 지식을 자랑하지 않습니다. 자기의
경험에 따라 움직이지 않으며, 예전 신분이나 지인을 이용해서 일하
지도 않습니다. 하나님 앞에서 그 모든 것이 얼마나 초라하고 힘이
없는지 알고 있습니다.

예전과 같이 사람에게 인정받고 안정된 화려한 삶을 추억하거나
그때를 부러워하거나 다시 그때로 돌아가기를 바라지 않습니다. 예
수님을 온전히 아는 자는 세상이 부럽지 않습니다. 내가 예수님과
함께 있음에 만족합니다.

하나님의 구원역사에 쓰임받는 사람

성경을 묵상해보니 바울과 실라가 충만한 결과는 놀랍습니다.

이에 갑자기 큰 지진이 나서

옥터가 움직이고 문이 곧 다 열리며
모든 사람의 매인 것이 다 벗어진지라

사도행전 16장 26절

충만한 사람이 환경을 넘어서 기도하고 찬양하니 문이 다 열리며 모든 사람의 매인 것이 벗어졌습니다. 바울과 실라의 문만 열리고 그들의 사슬만 풀린 것이 아닙니다. 그 자리에 있던 모든 문이 열리고 모든 사람의 묶인 것이 풀렸습니다.

우리가 충만한 사람이 되어서 환경을 넘어 기도하고 찬송한다면 내가 서 있는 가정, 공동체, 학교, 일터에도 이와 같은 일이 일어날 수 있음을 믿습니다. 죄에 묶여서 고통당하고 염려와 근심의 감옥에 갇혀서 낙심하는 사람들이 예수 안에서 자유함을 얻게 될 줄 믿습니다.

바울과 실라의 충만은 그들이 자유를 얻는 것으로만 끝나지 않고 이후에 간수와 그의 가족을 구원하는 곳으로 흘러가서 결국 하나님께 영광을 돌립니다.

충만의 결과는 기도와 찬양, 전도이며 하나님이 기뻐하시는 한 영혼이 돌아오는 것입니다.

이르되 주 예수를 믿으라
그리하면 너와 네 집이 구원을 받으리라 하고
주의 말씀을 그 사람과 그 집에 있는 모든 사람에게 전하더라

그 밤 그 시각에 간수가 그들을 데려다가

그 맞은 자리를 씻어주고

자기와 그 온 가족이 다 세례를 받은 후

그들을 데리고 자기 집에 올라가서 음식을 차려주고

그와 온 집안이 하나님을 믿으므로 크게 기뻐하니라

사도행전 16장 31-34절

하나님, 어떻게 하지요?

곡이 거의 완성될 즈음의 어느 날, 한 지인이 저의 집을 방문했습니다. 제 근황도 물어보고, 제가 작업하는 녹음실도 보고 싶다고 해서 같이 옥탑방 작업실에 올라가 둘러보고 대화도 나누었습니다. 그날따라 그는 여러 곳을 살펴보고 갔습니다. '웬일로 오셨지?' 싶을 정도로, 큰 의미가 있던 방문은 아니었습니다.

저는 여느 때와 같이 밤늦게까지 찬양 음반 작업을 하고 새벽에 들어가서 잠이 들었습니다. 그런데 그다음 날, 아침 일찍부터 제 휴대폰에 계속 진동이 울리기 시작했습니다.

그 소리가 반복되어 휴대폰을 확인해 보니 제 통장에서 출금이 되는 것을 알리는 문자였습니다. 한 번에 출금할 수 있는 한도가 있으니 그 한도만큼 계속해서 돈이 빠져나가고 있었습니다. 스팸 문자가 아닐까 하는 생각이 들 정도였습니다.

어떻게 된 일인지 알아보려고 출금된 은행을 찾아갔으나 은행에서는 고소하기 전에는 CCTV를 보여줄 수 없다고 했습니다. 누군지 알아야 신고를 할 텐데 누군지도 모르겠고 해서 일단 집으로 돌아왔습니다.

작업실로 올라가 보니 창문이 열려 있고, 어제 두고 왔던 지갑이 보이지 않았습니다. 지갑과 함께 제 신분증도, 가지고 있던 돈도 대부분 사라졌습니다. 통장에는 공금도 있었고 집 월세, 생활비, 아이들 양육비, 학자금 할부, 자동차 할부 등 해결할 것이 많은데 막막해졌습니다.

혹시나 하는 마음으로 어제 오셨던 지인에게 연락했는데 전화를 받지 않았습니다. 그날 문자와 전화를 40번가량 해도 연락이 되지 않았고, 비로소 그 분이 가져갔다는 것을 알게 되었습니다.

어머니는 괜찮다며 걱정하지 말라고 하셨지만 이미 눈가에는 눈물이 흐르고 있었고, 아내도 한쪽에서 아무 말 없이 울고만 있었습

니다. 저는 괜찮다고 하면서도 그 자리에 있으면 저까지 속상한 마음에 같이 울 것 같아서 다시 작업실로 갔습니다.

낙심이 되고 슬픔이 밀려왔습니다. 사실 돈을 잃어버린 것도 힘들었지만 정말 사랑하고 신뢰하는 분이었기에 다른 슬픔이 더욱 컸습니다. 기도를 해야 하는데 기도가 나오지 않았습니다. 먹먹한 마음으로 멍하니 앉아 그냥 가만히 있었습니다.

"하나님, 어떻게 하지요?"

작업실 책상에 힘없이 앉아서 혼잣말을 하고 있는데 문득 컴퓨터 모니터의 바탕화면에 있는 곡들이 눈에 들어왔습니다. 저는 곡을 쓸 때 틈틈이 보려고 작곡하고 있던 곡들의 악보를 바탕화면에 두는 편입니다. 그때 많은 곡 중에서 〈충만〉이라는 곡이 눈에 들어왔습니다.

그리고 그 가사를 보면서 한참 울었습니다.

난 예수로 예수로 예수로 충만하네…
세상 모든 풍파도 두렵지 않네…
영원한 왕 내 안에 살아계시네

지금도 이렇게 고백할 수 있겠니?

하나님께서 제게 물으시는 것 같았습니다.

'경민아, 너 이렇게 아무것도 없을 때도 예수로 충만하다고 고백할 수 있겠니? 배신을 당했는데도 예수로 충만하다고 고백할 수 있겠니? 이 가사가 진실된 너의 고백이 맞니?'

그 자리에서 무릎을 꿇고 먼저 회개 기도를 드렸습니다.

'주님, 예수로 충만하다고 가사를 써 놓고 정작 저는 이런 상황이 되니 낙심하며 가사와 상관없는 다른 삶을 살고 있었습니다. 저를 불쌍히 여겨주세요.'

'이 곡이 그냥 좋은 곡이 아니라 진실한 제 고백이 되려면 제가 이 상황에서도 이 고백대로 예수님으로 충만해서 그 분을 용서하고 그를 위해 기도해야 하는데, 지금 제 믿음과 감정과 상황으로는 잘되지 않아요, 주님.'

'주님, 제가 예수님으로 충만하게 도와주세요. 저의 힘으로 되는 것이 아니니 지금 충만하게 해주세요. 제가 바울과 실라는 아니지만, 저도 충만해서 이 상황을 넘기고 또 그 분을 위해서 기도하고 용서하고 싶습니다.'

할 수 있는 것이 기도밖에 없어서 더욱 힘써 기도했습니다.

"주님, 제가 먼저 충만하겠습니다. 이 고백이 거짓이 되지 않게 해 주세요. 힘들고 어려운 상황에서도 예수님으로 충만하길 원합니다. 충만하게 하옵소서."

이렇게 기도를 이어갈 때 하나님께서 점차 제 마음에 평안한 마음을 주셨습니다. 갚아야 할 돈이 많은데 이상하게도 마음이 평안해졌습니다. 그런 가운데 하나님은 그 지인의 얼굴을 보여주시며 용서하라는 마음을 주셨습니다.

저는 용서가 안 돼서 솔직하게 말씀드렸지만, 계속 강권적으로 그 마음을 주셔서 결국 "용서하겠습니다"라고 순종했습니다. 그런데 이제는 그 지인을 사랑하라는 마음을 주셨습니다.

어떻게 사랑할 수 있겠습니까. 사실 그 분을 고발할 생각도 안 해본 건 아니었습니다. 그의 행동도 도저히 이해가 안 되고, 저도 너무 억울해서 고소하고 싶기도 했습니다.

그러나 하나님께서 계속 사랑하라는 마음을 주시니까 또 순종하게 되었습니다. "주님, 사랑하겠습니다" 하고 기도하는데 이제는 그가 다시 오는 것을 용납하고 기다리라는 마음을 주셨고, 저는 다시 순종했습니다.

그런 마음을 품고, 이 곡이 진실한 곡이 되게 해달라고 기도하는 동안 시간이 흘렀습니다. 이제는 놀랍게도 전혀 다른 마음을 부어 주셨는데 그것은 바로 하나님께서 하실 일을 기대하는 마음이었습니다.

그 마음을 주시는 순간, 저는 그때야 비로소 '충만'이 무엇인지 알 것 같았습니다. 내가 의지하는 것이 다 사라지고 아무것도 없음에도 하나님 한 분으로 인하여 평안하고 두렵지 않은 것입니다. 예수님의 마음으로, 주님이 주신 음성으로, 하나님의 약속으로, 그 말씀으로 제 심령을 충만히 채우니 세상 염려가 제 마음속으로 들어오지 못했습니다.

정말, 앞날이 걱정되는 게 아니라 이제부터 하나님께서 어떻게 일하실지 기대하게 되었습니다. 하나님이 제 안에 거하신다는 사실을 제가 온전히 깨닫고 그분으로 내 심령을 채우고 충만하게 될 때 염려가 되지 않았습니다.

오직 예수님으로 저를 채우게 하옵소서

물론 당장 현실이 달라진 것은 아니었습니다. 갚아야 할 빚도, 당장 해결해야 할 부분도 많이 있었습니다. 누군가 갑자기 나타나서 제게 필요한 재정을 채워주지 않았습니다. 대신 하나님은 전에 없던 편곡, 레코딩 등의 일들을 채워주셔서 재정도 여러 방법으로 회복할 수 있게 해주셨습니다.

또한 하나님께서 저와 함께하며 동행하시는 것을 깊이 체험하게 해주셨고, 주변의 많은 동역자를 통해서 제 마음을 계속 어루만져주셨으며, 〈충만〉이라는 곡도 마지막 절까지 다 써서 완성할 수 있도록 인도해주셨습니다.

이 사건이 없었다면 저는 제가 충만한 사람인 줄 알았을 것입니다. 고난 앞에서 저의 진짜 모습이 드러났습니다. 세상 환난 앞에서 저는 너무나 작은 사람이었습니다. 그러나 내 안에 살아계신 예수 그리스도로 충만해질 때 이제 더는 약한 사람이 아닙니다.

진짜 충만은 평탄한 날에 하는 고백이 아닙니다. 세상이 나를 억울하게 하고, 때리고 가두고 묶을지라도, 더 이상 희망이 없어 보일지라도 내 안에 살아계신 예수님을 더 크게 보고 그분의 사랑과 계획을 신뢰하며 그곳에서 낙심하지 않고 기도하며 찬양하는 것입니다. 그것이 '충만'입니다.

내게 능력 주시는 자 안에서
내가 모든 것을 할 수 있느니라

빌립보서 4장 13절

예수로 충만하면 세상을 두려워하지 않고, 환경 때문에 낙심하지 않습니다. 충만하지 않은 사울에게는 환경이 골리앗처럼 크게 보였지만 충만한 다윗에게는 두려운 대상이 아니었습니다.

예수로 충만하면 세상 풍파가 두렵지 않습니다. 예수로 충만하면 시선이 바뀝니다. 그래서 높은 산도 동산 같고, 거센 파도도 시냇물과 같습니다. 충만한 사람이 가는 길은 다릅니다.

예수로 충만하면 명예, 안락함, 풍족함 등 헛된 것을 구하지 않습니다. 예수로 충만하면 아무도 날 알아주지 않아도 공허하지 않습니다. 예수로 충만하면 내 몸이 약한 것 때문에 낙심하지 않고 주님 안에 완전함을 보게 될 것입니다. 예수로 충만하면 용서할 수 있고 사랑할 수 있습니다.

환경도, 재물이나 재능이 없다는 것도 문제가 되지 않습니다. 우리 인생에 가장 필요한 것은 바로 예수로 충만해지는 것입니다. 다른 것으로 내 마음을 채우면 불안하고, 두렵고, 비교하며 염려할 수 있지만, 찬송과 기도와 말씀으로 심령을 채우고 예수로 충만해지면 이 땅에서 은혜를 누리며 살아갈 수 있습니다.

저는 오늘도 예수로 충만하기 위해서, 고백한 가사대로 살아내기 위해서 무릎 꿇고, 씨름하고 있습니다. 이 책을 읽는 귀한 독자 여러분도 "내 안의 헛된 것을 다 버리고 예수님으로 채우게 하옵소서"라고 고백하며 충만한 삶을 살아가기를 소망합니다. 오늘도 능력 주시는 주님 안에서 모든 일에 승리하시기를 소망합니다!

충만

무명이어도 공허하지 않은 것은
예수 안에 난 만족함이라

가난하여도 부족하지 않은 것은
예수 안에 오직 나는 부요함이라

고난 중에도 견뎌낼 수 있는 것은
주의 계획 믿기 때문이라

실패하여도 일어설 수 있는 것은
예수 안에 오직 나는 승리함이라

난 예수로 예수로 예수로 충만하네
난 예수로 예수로 예수로 충만하네

난 예수로 예수로 예수로 충만하네
영원한 왕 내 안에 살아계시네

내 몸이 약해도 낙심하지 않는 것은
예수 안에 난 완전함이라

화려한 세상 부럽지 않은 것은
난 예수로 예수로 충만함이라

난 예수로 예수로 예수로 충만하네
세상 모든 것들도 부럽지 않네

난 예수로 예수로 예수로 충만하네
영원한 왕 내 안에 살아계시네

난 예수로 예수로 예수로 충만하네
세상 모든 풍파도 두렵지 않네

난 예수로 예수로 예수로 충만하네
영원한 왕 내 안에 살아계시네

chapter
06

가장 귀한 삶

⏮ ⏸ ⏭

가장 귀한 삶

　우리의 가치를 누가 정할 수 있을까요? 예수님을 통해 우리 삶의 가치를 이렇게 생각해볼 수 있습니다.

　'가장 귀한 예수님이 나를 위해 생명을 주셨습니다.

　그 귀한 생명을 받은 우리는 가장 귀한 사람입니다.'

　우리의 가치가 이렇게 존귀합니다.

　이 땅을 살아가면서 어떤 삶이 가장 귀한 삶일까요? 내가 원하는 꿈을 이룬 삶일까요? 많이 가지고 많은 것을 누리는 삶일까요? 성경은 이렇게 말씀합니다.

> 지혜 있는 자는 궁창의 빛과 같이 빛날 것이요
> 많은 사람을 옳은 데로 돌아오게 한 자는
> 별과 같이 영원토록 빛나리라
> 다니엘서 12장 3절

　사람들이 알아주지 않고, 아무도 모르는 삶이라 하여도 복음을 알고, 복음을 믿고, 복음을 전하는 사람의 삶은 가장 귀한 삶입니다.

〈가장 귀한 삶〉이라는 찬양은 특별히, 이름 없이 빛도 없이 복음의 사명을 감당하는 사역자님과 목사님, 사모님, 선교사님을 위해서 작곡한 곡입니다.

선교지에서 만난 귀한 삶

2006년부터 하나님께서 많은 선교지를 방문하게 하셨습니다. 안정된 직업을 내려놓고 아무도 알아주지 않는 그곳에 가서 한 생명을 살리기 위해 헌신하는 선교사님들을 만날 수 있었습니다.

의사인데 그 부와 명예를 내려놓고 캄보디아로 들어가서 아픈 아이들을 돌보는 선교사님이 계셨습니다. 그 분의 가운은 깨끗하지 않았고, 얼굴은 검게 그을리고 땀에 흠뻑 젖은 모습이었습니다. 흔히 생각하는 의사의 모습은 아니었습니다.

그러나 그 분은 어린아이와 같이 행복해 보였습니다. 세상 허영에

물들지 않고 삶의 이유와 목적이 분명한 분이었습니다. 가장 귀한 의사이셨습니다.

이후에 중국, 인도네시아, 말레이시아 등에서 귀한 선교사님들을 뵙게 되었습니다. 그리고 2014년부터 일본선교를 시작했습니다.

일본에서는 교회를 찾기가 쉽지 않습니다. 십자가가 잘 보이지 않습니다. 제가 방문한 교회의 예배당은 너무나 작고 성도의 수는 적었습니다. 선교사님이 일본에서 1명의 회심은 정말 기적 같은 기쁜 소식이라고 말씀하셨습니다.

선교 기간 중에 하루는 새벽에 교회를 갔는데 선교사님이 혼자 설교하고 계셨습니다. 아무도 없었지만 성도 중에 누군가가 기도하기 위해 올 수 있기 때문에 변함없이 말씀을 전하며 기도회를 인도하고 계셨습니다. 며칠 후에 다시 새벽예배에 나갔을 때는 사모님이 앉아 계셨고 옆에는 자고 있는 자녀가 있었습니다.

사모님은 항상 성도들을 챙기느라, 또 예배 후의 식사 준비로 앞치마를 벗을 틈이 없어 보였습니다. 나중에 알게 되었지만 그 사모님은 일본에 유학 와서 명문대학에서 공부하신 분이었습니다.

몇 번을 방문해도 선교사님과 사모님의 사역은 식지 않고 더 열심이셨습니다. 자신의 삶을 내려놓고 하나님께서 원하시는 한 영혼 한 영혼을 위해 열심히 사역하시는 선교사님의 삶이 참 귀하다고 생각하며 한국으로 돌아왔습니다.

주님, 이런 삶은 무슨 삶인가요?

2020년 12월, 한 선교사님이 소천하셨다는 소식을 듣게 되었습니다. 원래부터 간이 좋지 않았는데 사역이 바쁘다 보니 검사 시기를 놓쳤고, 그런 상태로 계속 사역에 몰두하는 동안 그것이 간암으로 악화되어 결국 하나님 품으로 가셨다는 것입니다.

그 분의 장례는 화려하지 않았으며, 수많은 화환과 인파가 몰리지도 않았습니다. 장례식장의 모습 중에 시선을 뗄 수 없는 한 장면이 제 뇌리에 사진처럼 박혔습니다. 영정사진을 들고 있는 큰아들과 두 자녀, 그리고 사모님의 모습이었습니다. 그 세 자녀는 제 자녀들과 연령대가 비슷했습니다.

저는 한 번도 직접 뵌 적이 없는 선교사님이었지만 유가족의 모습

을 볼 때 저도 모르게 눈물이 흘렀고, 눈물은 선교사님의 남겨진 가정을 위한 기도로 이어졌습니다. 기도하면서 마음속으로 하나님께 물었습니다.

'하나님, 이 선교사님의 삶은 어떤 삶입니까? 복음을 위해서 삶을 드린 헌신의 결과가 이런 것입니까?'

그때 주의 음성이 들리는 듯 제 마음에 감동을 주셨습니다.

'가장 귀한 삶이다.'

선교사님의 짧은 그 삶이…
선교사님의 많이 누리지 못한 삶이…
선교사님의 화려하지 않았던 삶이…
하나님은 가장 귀한 삶이라고 말씀해주시는 것 같았습니다.
이 땅에서의 삶이 길었든지 짧았든지,
유명하게 살았든지 무명하게 살았든지,
높은 위치에 있었든지 낮은 위치에 있었든지,
이 땅의 많은 것을 누렸든지 못 누렸든지,
그런 것과 상관없이 세상에서 가장 귀한 복음, 바로 예수님을 알고, 믿고, 전하며 살았다면 '가장 귀한 삶'이었다는 것입니다. 그 삶은 별처럼 영원토록 빛나게 하신다고 하셨습니다.

선교사님은 하나님의 품으로 가셨지만, 사모님과 자녀들이 한국으로 돌아오지 않고 여전히 일본의 그 교회에서 사역하며 그 자리를 지키고 있음을 듣고 큰 도전과 은혜를 받았습니다.

영원히 빛나는 가장 귀한 삶

그렇게 많은 선교사님의 삶과 개척교회 목회자 가정의 삶을 보며 〈가장 귀한 삶〉이라는 곡을 작사, 작곡하게 되었습니다. 아무도 알아주지 않고 많은 것을 누리지 못하지만, 가장 귀한 복음을 전하며 살아가는 그 삶은 '가장 귀한 삶'이라고 꼭 말씀드리고 싶어서 작곡한 곡입니다.

하나님께서 가장 귀하신 독생자 예수님의 생명을 우리를 위해서 십자가에 내어주셨습니다. 예수님이 내가 지은 모든 죄를 지시고, 나를 대신하여 십자가에서 죽으셨습니다. 그리고 부활하셨습니다. 그 생명으로 인해서 우리는 죄 사함을 받고, 모든 저주가 끊어졌으며, 깨끗해져 하나님의 자녀가 되었습니다. 우리는 이 땅에서 살아가지만 하늘에 속한 사람이고, 우리의 소망은 하늘에 있습니다.

가장 귀한 예수님의 생명을 받은 우리는 귀한 사람입니다. 그러니 내 마음대로 살아서는 안 됩니다. 가장 귀한 삶을 살아갈 책임이 있습니다. 예수님을 알고, 예수님을 믿고, 예수님을 전하는 삶을 살아야 합니다.

특별히 이 책을 읽는 분 중에 목회자의 자녀, 선교사님의 자녀, 혹은 예수님을 위해 불편을 택한 분들의 자녀들이 있을 것이라고 생각합니다.

아버지의 삶, 어머니의 삶이 초라해 보입니까? 아닙니다. 하나님은 그 삶을 귀하게 여기고 계십니다. 자랑스러워하십시오! 그 분은 '가장 귀한 삶'을 살고 계십니다. 그 삶은 영원토록 빛나는 삶이라는 것입니다.

꼭 기억하시기를 소망합니다. 예수님을 알고, 예수님을 믿고, 그 복음을 전하며 살아가고 있다면 '가장 귀한 삶'입니다.

가장 귀한 삶

아무도 모르는 삶이라 하여도
스치듯 지나는 삶이라 하여도

후회하지 않고 오늘을 사는 것은
가장 귀한 삶을 앎이라

내가 꿈꾸는 일 이루지 못해도
내가 바라는 것 다 갖지 못해도

낙심하지 않고 오늘을 사는 것은
가장 귀한 삶을 앎이라

내가 복음을 알고
내가 복음을 믿고

내가 복음을 전하며 살아간다면
나의 삶은 가장 귀한 삶이라

내가 예수를 알고
내가 예수를 믿고

내가 예수를 전하며 살아간다면
나의 삶은 가장 귀한 삶이라

내가 예수를 위해
내가 살아간다면

나의 작은 삶 아무도 모른다 해도
나의 삶은 가장 귀한 삶이라

하나님 독생자 예수 그리스도
날 위해 고귀한 생명 주셨으니

그 생명 받은 나 하늘의 소망 있네
나의 삶은 귀한 삶이라

일상

2019년 여름, 저는 일본 코스타를 섬기기 위해 일본 오카야마로 떠났습니다. 코스타의 주제는 '일상에서 하나님의 나라를 세우라'였습니다. 저는 아이빅밴드 멤버들과 찬양으로 섬기며, 2박 3일 동안 많은 강사님의 말씀을 들을 수 있었습니다.

강사님들은 우리가 살아가는 일상 속에서 하나님의 나라를 세워야 한다고 강조하며, 일상에서 어떻게 하나님의 나라를 세우며 살아가는지 자신들의 간증도 나누어주셨습니다.

그때부터 '일상'이라는 단어가 머릿속에서 떠나지 않았습니다. '나의 일상은 어떠한가? 성도는 일상을 어떻게 살아내야 하는가? 매일 반복되는 일상은 어떤 의미가 있는 것일까? 하나님께서 왜 반복적인 일상을 우리에게 주셨을까?'라는 질문들이 끊임없이 이어졌습니다.

강의와 집회가 없는 시간에는 주변 곳곳을 돌아다니며, 계속해서 하나님께 묻고 기도하며 묵상하기 시작했습니다. 이러한 질문들과 묵상을 통해, 하나님께서 우리에게 주신 일상의 의미를 깊이 깨닫고

자 했습니다. 그때 하나님께서 베드로전서 2장 9절 말씀을 저에게
보여주셨습니다.

> 그러나 너희는
> 택하신 족속이요 왕 같은 제사장들이요
> 거룩한 나라요 그의 소유가 된 백성이니
> 이는 너희를 어두운 데서 불러내어
> 그의 기이한 빛에 들어가게 하신 이의
> 아름다운 덕을 선포하게 하려 하심이라

우리의 정체성은 "택하신 족속"이며 "왕 같은 제사장"입니다. 제사
장은 하나님께 예배를 드리고 하나님의 은혜를 전달하는 역할을 합
니다. 제사장이 하는 일은 거룩한 일입니다. 제사장은 예배할 때만
거룩한 사람이 아니라 그 모든 삶이 거룩해야 합니다.

예수 그리스도를 통해 모든 성도가 제사장의 역할을 하게 되었습
니다. 성도는 거룩한 사람이기 때문에 삶 자체가 예배가 되어야 하
고, 하나님이 맡겨주신 그 자리에서도 거룩하게 그리스도의 향기를
나타내며 살아야 한다는 것을 묵상하게 되었습니다.

그리고 나서, 우리 일상의 의미에 관해 가사를 쓰기 시작했습니
다. 먼저 이런 가사였습니다.

"나를 보내사 서게 하신 곳 가장 귀한 곳이 바로 이곳이라"

제가 지금 어디에 서 있는지 생각해보게 되었습니다.

저는 저의 가정에서 아들로, 남편으로, 그리고 세 아이의 아버지로 서 있습니다. 부유하지는 않지만 웃음소리가 끊이지 않는 우리 가정, 다른 가정을 부러워할 필요 없이 지금 내게 주신 가정이 가장 귀한 곳이라는 생각이 들었습니다. 지금 내가 서 있는 가정이 귀한 곳입니다.

그리고 그때 저는 교회에서 전도사로 사역하고 있었는데 내가 섬기는 교회가 하나님께서 서게 하신 가장 귀한 교회임을 확신하였습니다. 또한 대학과 실용음악아카데미에서 강의하고 있었습니다. 우리 학교가 가장 귀한 곳이며 내가 섬기는 아카데미가 하나님이 서게 하신 귀한 곳임을 생각하게 되었습니다.

우리가 속한 그곳이 가장 귀한 곳입니다. 하나님이 서게 하신 곳이기 때문입니다. 그리고 그곳에 귀한 영혼이 있기 때문입니다.

"내게 주신 곳 광야와 같아도 믿음과 소망 가지고 최선을 다하리"

내가 지금 서 있는 자리, 부름 받은 그 일상의 자리가 광야와 같은 자리일지라도 최선을 다해 살아가야 합니다.

가정에서 나 혼자 예수님을 믿고 있어서 주일에 교회에 가는 것조차 핍박을 받아도, 내가 서 있는 가정에서 경제적 어려움 때문에 쉬는 날도 없이 피곤한 몸을 이끌고 살아가더라도, 또한 가족의 질병으로 아픔이 있어서 가정에 웃을 날이 많지 않아 보일지라도 내가 서 있는 가정에서 소망을 잃지 않고 최선을 다하며 살아가야 합니다.

모든 것이 은혜, 은혜, 은혜

내가 서 있는 학교에서 친구의 문제가 있거나 숨 막히는 경쟁 속에서 초라해 보일 때가 있을지라도, 내가 서 있는 일터에서 예수를 믿는다는 이유로 핍박을 받고 불이익을 당할지라도, 사회적인 관행과 관습으로 정직하게 살아가는 것조차 어려운 상황일지라도, 비리와 부패가 만연해서 정직하게 사는 것이 오히려 피해를 끼치는 것 같은 느낌이 들지라도, 내게 주신 곳이 광야 같은 곳일지라도 우리는 믿음을 잃지 않고 주님이 나를 보내셨다는 확신과 나를 보내신 그곳에 하나님나라가 세워질 것이라는 소망을 가지고 최선을 다해야 합니다. 그곳은 하나님이 내게 주신 곳이기 때문입니다.

"나의 작은 삶 주께 드릴 때 나의 삶을 통해 주 영광 받으시리
내게 맡기신 가장 귀한 이곳에서 감사와 순종으로 오늘을 살리라"

너무나 화려해진 컨텐츠들 때문에, 또 너무나 화려한 SNS 등을 통해서 내 삶을 다른 사람과 비교하게 될 때 내 삶이 작아 보일 때가 많습니다. 내가 무엇을 한다 해도 아무것도 일어나지 않을 것으로 보일 수 있습니다.

'내가 여기서 혼자 정직하게 살아간다고 뭐가 변할까?', '내가 가정에서 혼자 예수님을 잘 믿는다고 과연 우리 아빠가, 우리 엄마가, 우리 자녀가, 우리 형제가 돌아올까?', '저 사람은 무슨 일이 있어도

돌아오지 않을 거야' 등 여러 생각이 마음에 찾아옵니다.

그럼에도 우리 삶을 주께 드릴 때 하나님이 영광을 받으십니다. 그리고 그분의 영광의 빛이 내가 서 있는 곳에 비춰지면 변화될 것을 확신합니다.

"나의 일상을 통해 하나님께 영광을"

이같이 너희 빛이 사람 앞에 비치게 하여
그들로 너희 착한 행실을 보고
하늘에 계신 너희 아버지께
영광을 돌리게 하라
마태복음 5장 16절

반복되는 일상에는 하나님이 주신 특별한 목적과 의미가 있습니다. 우리를 빛으로 부르신 하나님의 뜻대로 우리의 일상을 통해 사람들에게 복음의 빛을 비추어야 합니다. 학교와 일터, 공동체에서 매일 마주치는 사람들에게 직접적으로 복음을 전하는 것이 가장 중요하지만, 말하는 것보다 더 강력한 것은 삶으로 보여주는 것입니다.

자기가 최고 우선인 개인주의 사회를 살아가는 우리는 일상에서 착한 행실, 즉 이웃을 섬기는 착한 일을 해야 합니다. 우리가 불편함을 감수하고, 먼저 섬기고, 먼저 용서하고 사랑하는 일을 통해 사람들은 하나님께 영광을 돌리게 될 것입니다.

나의 삶이 하나님께서 주신 빛을 비추는 등불이 되어, 주변 사람들에게 하나님의 선하심과 사랑을 전할 수 있기를 소망합니다.

"나의 일상을 통해 생명의 복음을"

일상은 단순히 하루하루를 살아내는 것이 아니라, 하나님의 사랑과 예수님의 향기를 전할 소중한 기회입니다. 나는 믿음으로 일상을 살아가며, 나의 행동과 말, 그리고 삶의 태도를 통해 많은 이들에게 예수님의 사랑을 전해야 합니다.

성경에 나타난 예수님의 일상은 복음을 전하며 생명을 살리는 삶이었음을 기억합니다. 고아와 과부를 외면하지 않으시고, 배고픈 자를 지나치지 않으시고, 병든 자에게 항상 따뜻하게 다가가셨습니다. 예수님을 닮아 이렇게 살아갈 때, 나의 일상은 하나님의 영광을 드러내고, 많은 이들에게 생명의 복음을 전하는 귀한 도구가 될 것입니다.

"내게 맡기신 가장 귀한 이곳 나를 부르신 곳에
하나님의 나라가 이루어지기를 원합니다"

나를 세우신 곳이 하나님께서 원하시는 그 모양대로 변화되기를 소망합니다. 하나님께서 각자에게 주신 자리에 분명한 목적과 이유가 있습니다. 우리는 그 목적을 이루기 위해 최선을 다해 살아가야 합니다.

가정에서부터 하나님의 나라가 세워지기를 소망합니다. 가족 모두가 함께 손잡고 기도하는 그 날이 올 때까지, 주일에 모두 함께 예배드리러 가는 날이 올 때까지 우리는 매일 기도해야 합니다.

학교에서도 크리스천 학생을 통해 그리스도의 향기가 나타나길 소망합니다. 학교는 경쟁 속에서 살아가며 노력과 성취가 바로 드러나는 곳입니다. 여러 비교 가운데 낙심이 찾아오기 쉬운 곳입니다. 오직 좋은 성적이라는 목적 때문에 그곳에서 크리스천으로서 해야 할 일을 잃어버리지 않기를 소망합니다.

학생들이 점심시간에 기도로 마음을 다지고, 서로를 돌보며 사랑을 실천하는 모습을 보기를 소망합니다. 이를 위해 믿음의 학생들이 본이 되는 삶을 살고, 다른 학생들을 위해 함께 기도하며 하나님의 사랑을 전하기를 소망합니다.

직장에서 기도로 하루를 시작하는 일이 일어나길 소망합니다. 매일 아침 기도로 하루를 시작하며, 동료들과 함께 하나님을 의지하고 하나님의 지혜를 구하는 일들이 일어나기를 소망합니다. 혹시 그렇지 않더라도, 모든 이들이 하나님을 두려워하고 정직하게 살아가기를 애쓰며 최선을 다하는 곳이 되기를 소망합니다.

"나의 일상을 통해 주의 나라 이루소서"

성도의 일상을 통해 주의 영광이 드러나기를 소망합니다. 내가 서 있는 그 자리에서 하나님의 나라가 세워지고, 주님의 뜻이 이루어지기를 간절히 소망합니다.

하나님의 특별한 소명과 우리의 일상

오늘 가정에서 자녀를 돌보는 어머니가 계십니까? 믿음으로 자녀를 양육하는 일은 결코 쉬운 일이 아닙니다. 힘든 일상 속에서 믿음으로 먼저 본을 보이며, 기도로 하루를 시작하고, 기도로 하루를 마치는 것이 쉬운 일은 아닙니다.

그러나 믿음을 가지고 양육한 아이가 자라서 하나님의 영광을 나타내는 사람이 된다면, 지금 내가 하는 일이 얼마나 귀한 일입니까? 매일 아이에게 믿음을 심어주고, 말씀을 심어주는 일은 매우 귀중한 일입니다. 이 일은 결코 의미 없는 일이 아닙니다. 멈추지 않고 계속해야 합니다.

공부하는 학생들도 많을 것입니다. 우리 학생들이 좋은 대학을 목표로 하며 또 보다 나은 직장을 얻기 위해 공부하지만, 우리 일상의 공부는 그저 우리의 일이 아닙니다. 하나님의 영광을 위해 살아갈 때, 공부를 통해 주님의 비전에 합당한 사람이 되는 것은 공부가 하나님의 영광을 나타내는 통로가 될 수 있게 합니다. 그러므로 우리는 주님 앞에서 부끄럽지 않도록 최선을 다해야 합니다.

아이들을 가르치는 학교와 학원, 유치원 선생님들이 계십니까? 예수님의 마음과 손길을 가지고 아이들을 대할 때, 상처받은 아이들은 위로를 받을 것입니다. 한 분의 선생님을 통해 수많은 아이의 인생이 바뀔 수 있습니다.

저는 아직도 초등학교 시절 교회 주일학교에서 저를 가르쳐주신 서경옥 선생님을 잊지 못합니다. 힘든 시절, 그 분의 따뜻함을 통해 많은 위로와 힘을 얻었습니다. 또 대학 시절에 저를 가르쳐주신 박성호 스승님을 통해 음악으로 사역하는 사역자가 어떠한 것인지 보고 배웠고 그것이 지금 사역에 큰 밑거름이 되었습니다.

민음의 선생님들을 통하여 아이들은 예수님의 사랑을 볼 것입니다. 그리고 선생님이 믿는 하나님을 궁금해하며, 그 선생님을 통해 예수님에게로 나아올 것입니다.

사회에서 일하면서 사람들과 이루는 인간관계가 어렵습니다. 그렇다 해도 주님께 하듯 사람들을 대한다면, 많은 사람이 하나님의 사랑을 보게 될 것입니다. "저분은 참 이런 나에게까지도 이렇게 성심껏 대해주시는구나"라는 고백을 통해 하나님의 영광이 드러날 것입니다. 사람들이 '저 사람은 예수 믿는 사람이구나! 그리스도인이라서 저렇게 살아가는 것이구나' 하고 깨닫게 될 것입니다.

우리는 택하신 족속입니다. 하나님이 우리를 선택하셨습니다. 그리고 제사장으로 삼으셨습니다. 또한 거룩한 나라라고 칭해

주셨습니다. 우리는 세상과 구별되어 하나님의 성품을 닮아가며 살아야 합니다. 우리는 "그의 소유가 된 백성"입니다. 우리는 하나님께 속한 사람들입니다.

하나님께서 우리를 어두운 데서 불러내어 그의 기이한 빛에 들어가게 하신 이유는 "그의 아름다운 덕을 선포하게 하려 하심"이라고 말씀하십니다. 우리는 일상의 삶을 통해 하나님의 아름다운 덕을 선포하고, 하나님의 선하심과 사랑을 나타내며 살아야 합니다.

"이같이 너희 빛이 사람 앞에 비치게 하여 그들로 너희 착한 행실을 보고 하늘에 계신 너희 아버지께 영광을 돌리게 하라"(마 5:16)라고 하신 예수님의 말씀대로, 우리 일상의 삶이 하나님의 영광을 드러내는 도구가 되기를 소망합니다.

일
상

나를 보내사 서게 하신 곳
가장 귀한 곳이 바로 이곳이라

내게 주신 곳 광야와 같아도
믿음과 소망 가지고 최선을 다하리

나의 작은 삶 주께 드릴 때
나의 삶을 통해 주 영광 받으리

내게 맡기신 가장 귀한 이곳
감사와 순종으로 오늘을 살리라

나의 일상을 통해 하나님께 영광을
나의 일상을 통해 생명의 복음을

내게 맡기신 이곳 나를 부르신 곳에
하나님의 나라가 이뤄지길 원합니다

나의 일상을 통해 주의 나라 이루소서

chapter
08

정결한 그릇

⏮ ⏸ ⏭

제가 속한 아이빅밴드는 매주 월요일 12시에 함께 모여서 한 주간의 묵상과 삶을 나누며 교제해왔습니다. 2010년 4월 따뜻한 봄날, 모임 중에 단장 박성호 집사님이 '정결한 그릇'에 관한 이야기를 나누어주셨습니다.

> 큰 집에는 금그릇과 은그릇뿐 아니라
> 나무 그릇과 질그릇도 있어
> 귀하게 쓰는 것도 있고 천하게 쓰는 것도 있나니
> 그러므로 누구든지 이런 것에서 자기를 깨끗하게 하면
> 귀히 쓰는 그릇이 되어
> 거룩하고 주인의 쓰심에 합당하며
> 모든 선한 일에 준비함이 되리라
>
> 디모데후서 2장 20,21절

우리는 하나님의 그릇으로, 정결하게 준비되면 하나님께서 사용하신다는 것과 함께 우리가 다른 어떤 것보다 먼저 하나님 앞에 정

결하게 준비되어야 한다는 것을 이야기하셨습니다.

그 말씀이 제게는 아주 크게 들렸고, 마음속 깊이 남아서 정결한 그릇에 관한 말씀을 더 묵상하게 되었습니다.

정결한 그릇이란

정결한 그릇이란 어떤 그릇일까요?

한 번도 더러워진 적 없는 그릇이 아니다

모든 사람이 죄를 범하였으매
하나님의 영광에 이르지 못하더니
로마서 3장 23절

많은 사람이 '깨끗'이라면 한 번도 더러움이 묻지 않은 것을 생각하지만, 성경에 나오는 정결한 그릇은 한 번도 더러워지지 않은 그릇이 아닙니다. 그런 그릇은 없습니다.

성경은 부끄러울 것 없는 당당한 삶이 아니라 예수님의 보혈로 씻긴 그릇(사람)을 정결하다고 말씀합니다.

눈물과 참된 회개로 깨끗해진 그릇

정결한 그릇은 눈물로 자백하는 사람입니다. 자기의 연약함을 솔직하게 고백하는 사람입니다. 그때에 주님이 말씀대로 용서하실 뿐 아니라, 내 힘으로 나올 수 없는 그곳에서 건지신다고 하였습니다. 자기 죄를 하나님께 진실하게 고백하고 그 합당한 열매를 맺는 사람이 정결한 사람이라는 것입니다.

회개할 때 주의할 점이 있습니다. 바로 합당한 열매입니다. 예수님은 사람에게도 배상을 말씀하셨습니다. 사람에게 해를 입힌 사람은 하나님께 회개하고 사람에게도 배상해야 한다는 것입니다. 이런 사람이 온전한 회개를 한 사람이며 정결한 사람입니다.

만일 우리가 우리 죄를 자백하면
그는 미쁘시고 의로우사 우리 죄를 사하시며
우리를 모든 불의에서 깨끗하게 하실 것이요

요한일서 1장 9절

날마다 씻는 그릇

아무리 깨끗한 그릇도 오래 보관했다가 사용하려고 하면 씻어서 사용해야 합니다. 가장 정결한 그릇은 날마다 씻는 그릇입니다.

우리는 연약하며 죄인 된 속성이 있어서 일상 가운데 알게 모르게 죄를 지을 때가 있습니다. 그 죄책감으로 인해 마음이 힘들 때가 있습니다.

그런데 성경의 인물들도 똑같이 고민한 흔적이 있습니다. 사도 바울은 우리 안에 두 마음이 싸운다고 했습니다. 죄의 법과 의의 법이 싸우는 것입니다.

바쁘다고 말씀을 읽지 않고 일만 할 때가 있습니다. 그럴 때면 나도 모르게 어느덧 나의 가치관이 그리스도 예수님에서 나 중심, 세상 중심으로 바뀌는 것을 경험하게 됩니다.

날마다 씻는 그릇, 날마다 말씀으로 새 옷을 입는 그릇이 정결한 그릇입니다. 정결한 그릇은 매일 주 앞에 정결하려고 발버둥치는 그릇입니다.

나를 만드신 토기장이에게 감사하는 그릇

정결한 그릇은 내가 가진 달란트와 재능이 어떠하든지, 내 모양이 어떠하든지 감사하는 그릇입니다.

질그릇이 다른 그릇과 비교하고 산다면 자신의 모양새며 빛깔,

재질 등 여러모로 자신이 얼마나 초라하게 느껴지겠습니까. 그런데 하나님은 금그릇, 은그릇도 만드셨고 또한 질그릇도 만드셨습니다. 다 쓰임이 다르기 때문입니다.

우리가 받은 것이 모두 다 다릅니다. 다른 사람이 받은 것을 부러워할 필요도 없고 비교할 필요도 없습니다. 나에게 주신 것이 있고 내가 할 일이 있습니다. 먼저 감사하고 정결한 그릇으로 자기를 깨끗하게 하면 되는 것입니다. 다른 그릇을 보고 비교하거나 불평하지 말고 감사해야 합니다.

왜 정결해야 하는가?

그러면 우리는 왜 정결해야 합니까?

정결하지 않을 때 고통과 수치가 따른다

정결하지 않을 때 감추어진 죄는 두려움과 부끄러움을 몰고 옵니다. 그래서 하나님의 백성으로서 누려야 할 것을 누리지 못하고 하나님을 찾지도 못하게 합니다.

운전하다가 신호위반을 한 적이 있습니다. 도망치듯 서둘러 그 자리를 떠났는데 조금 가다가 경찰차와 마주쳤습니다. 나를 쫓는 것이 아닌데도 두렵고 위축되는 것을 느꼈고, 그 이후로도 경찰차만

보면 나도 모르게 두려움이 몰려오고 불안해졌습니다. 죄는 두려움을 몰고 옵니다.

> 감추인 것이 드러나지 않을 것이 없고
> 숨긴 것이 알려지지 않을 것이 없나니
> 누가복음 12장 2절

정결한 사람이 쓰임 받는다

> 그러므로 누구든지 이런 것에서 자기를 깨끗하게 하면
> 귀히 쓰는 그릇이 되어
> 거룩하고 주인의 쓰심에 합당하며
> 모든 선한 일에 준비함이 되리라
> 디모데후서 2장 21절

하나님은 능력이 많으시며 부족함이 없으신 분입니다. 성경을 보면 그분은 사람을 세우실 때 정결하게 준비된 사람을 사용하십니다. 다윗은 양치기였으며 모세는 말을 잘 못 한다고 했고 요셉은 뛰어난 달란트가 있는 사람이 아니었습니다.

주님의 조건은 한 가지입니다. 정결한 사람을 사용하십니다. 그 사람은 어떤 사람입니까? 예수 그리스도의 보혈로 씻음을 받고 또

한 날마다 자기를 깨끗하게 하는 사람입니다.

정결한 그릇이 됩시다

그렇다면 우리는 구체적으로 어떻게 정결해야 할까요?

말

사람의 마음은 아주 연약해서 말 한마디로 상처를 입을 수 있으며 그 상처는 매우 깊습니다. 입술로 나오는 말은 마음에서 나오는 것입니다. 제가 존경하는 김성국 목사님이 "내가 하는 말(言)이 내가 타고 가는 말(馬)이 되어 내 삶을 이끌게 됩니다"라고 하신 설교 말씀이 아직도 기억이 납니다.

> 정결한 마음을 사랑하는 자,
> 그 말이 은혜로운 자는 왕의 친구가 될 것이다.
> 잠언 22장 11절, 쉬운성경

마음

예수께서 나다나엘이 자기에게 오는 것을 보시고

그를 가리켜 이르시되
보라 이는 참으로 이스라엘 사람이라
그 속에 간사한 것이 없도다

요한복음 1장 47절

화 있을진저 외식하는 서기관들과 바리새인들이여
잔과 대접의 겉은 깨끗이 하되
그 안에는 탐욕과 방탕으로 가득하게 하는도다
눈먼 바리새인이여 너는 먼저 안을 깨끗이 하라
그리하면 겉도 깨끗하리라

마태복음 23장 25,26절

　내 마음에 무엇이 들어있는지는 나도 알고 하나님도 알고 계십니다. 주님이 나다나엘에게 하신 말씀을 오늘 우리에게도 동일하게 말씀하시기를 소망합니다. "경민이를 가리켜 이르시되 보라 이는 참으로 하나님의 사람이라" 이렇게 말입니다.

　마음에 들어있는 그것은 평소에 내가 보고 듣는 것으로 채워지게 됩니다. 우리 마음은 자신이 날마다 보는 것, 듣는 것에 영향을 받고 있습니다. 상한 음식을 먹으면 몸이 상하듯이, 좋지 않은 것들을 보고 들으면 그 내용에 들어있는 가치관과 사상이 나도 모르게 내 마음속으로 스며들어 마음을 병들게 합니다.

그러므로 우리는 날마다 마음을 지키기 위해서 노력해야 합니다. 겉모습보다 마음의 정결을 위해 노력해야 합니다.

음식

청년 시절과 사회생활 속에서 가장 힘든 유혹이 술인 것 같습니다. 성경에서 술에 관한 내용은 확실한데 그 많고 많은 구절 중에 한 문장만 가지고 술 마시는 것을 합리화하며 자유를 누리고 싶어 합니다.

재앙이 뉘게 있느뇨 근심이 뉘게 있느뇨
분쟁이 뉘게 있느뇨 원망이 뉘게 있느뇨
까닭 없는 상처가 뉘게 있느뇨 붉은 눈이 뉘게 있느뇨
술에 잠긴 자에게 있고
혼합한 술을 구하러 다니는 자에게 있느니라

잠언 23장 29,30절

지금 술을 마시는 분들에게 이야기하고 싶습니다. 술은 자기를 위해서 먹는 것입니다. 하나님을 위해서가 아닙니다. 술은 당대 최고의 의인이었던 노아도 취하고 실수하게 만들었습니다. '나는 괜찮겠지'라는 생각을 버려야 합니다. 술로 인한 사건과 사고는 오늘도 뉴스를 통해서 쉽게 접할 수 있고, 안타까움을 불러옵니다.

우리는 먹든지 마시든지 하나님의 영광을 위해서 하라는 말씀을 기억해야 합니다.

그런즉 너희가 먹든지 마시든지 무엇을 하든지
다 하나님의 영광을 위하여 하라
고린도전서 10장 31절

이 시대의 성도들을 향한 하나님의 뜻은 선명합니다. 바로 거룩하게 사는 것, 정결한 그릇이 되는 것입니다. 그런 사람은 귀히 쓰임받습니다. 우리 모두 예수님의 보혈로 깨끗함을 입은 정결한 그릇이 되어 하나님의 일에 온전히 쓰임 받기를 소망합니다.

정결한 그릇

정결한 그릇 되게 하소서
내 모양이 금그릇 은그릇 아니어도

주가 쓰시기 편한 그릇 되기 원하네
정결한 그릇 되게 하소서

정결한 그릇 되기 원합니다
주님 뜻대로 날 사용하소서

주가 쓰시기 편한 그릇 되기 원하네
정결한 그릇 되게 하소서

청년의 기도

　청년 시절은 인생에서 가장 아름다운 시기입니다. 그렇지만 가장 고민도 많고, 신앙을 지키며 살아가기 어려운 시기인 것도 사실입니다. 그래서 청년 시절은 가장 기도가 필요한 시기입니다.

　전도사로 사역하던 시절에 매주 수요일 예배를 마치고 청년들과 모여서 기도했습니다. 저마다 소중한 기도 제목을 내놓았습니다. 비전에 대한 기도, 정결함에 대한 기도, 인내에 대한 기도 등 다양하였습니다.

　그때 적어둔 청년들의 기도 제목을 오랜 시간이 지난 후에 다시 읽어보았습니다. 너무나 순수하고 아름다운 기도 제목들이었습니다. 청년의 시절은 아름다운 시기입니다. 이 시대의 청년들이 아름다운 시기를 세상에 빼앗기지 않기를 바라는 마음으로 〈청년의 기도〉라는 곡을 쓰기 시작했습니다.

　제가 청년 시절에 드렸던 기도의 제목과 전에 적어두었던 그 청년들의 기도 제목, 그리고 이 시대를 살아가는 청년들을 위한 기도 제목들이 가사가 되었습니다.

이 시대의 청년을 위해 기도합니다. 아름다운 청년의 시절을 지날 때, 나의 꿈을 위해 걸어가는 것이 아니라 하나님의 비전을 바라보며 걷기를 소망합니다.

"내게 주신 모든 것 주께 감사드리며
많은 재물보다 더 복음을 선택하고"

청년의 시기에 감사를 찾기를 소망합니다. 내게 주신 것, 내가 받은 것이 남들 보기에는 초라해 보일지 모르나 그곳에서 감사를 찾는 청년은 행복한 사람입니다.

가장 안타까운 일은 직장 때문에, 또 자기의 목표 때문에 예배의 자리를 떠나고 헌신의 자리를 떠나가는 것입니다.

청년의 시절에만 드릴 수 있는 예배가 있습니다. 그 순수하고 열정이 있는 예배는 청년의 시절에만 드릴 수 있습니다. 청년의 시절에 드릴 수 있는 순수한 찬양이 있습니다. 청년 시절에 드려지는 예배의 행복과 찬양의 기쁨을 빼앗기지 말아야 합니다.

마태복음 19장에 부자 청년이 등장합니다. 예수님이 그에게 "나를 따르라"라고 하셨습니다. 하나님이시며 생명의 주요 만물의 주관자이신 예수님이 그분을 따르라고 말씀하신 것입니다. 그런데 성경은 "그 청년이 재물이 많으므로 이 말씀을 듣고 근심하며 가니라"(22절)라고 말씀합니다. 쉬운성경은 이 부분을 더 잘 표현합니다.

이 말씀을 들은 청년은 매우 슬퍼하며 떠나갔습니다.
왜냐하면 그가 가진 재산이 너무 많았기 때문입니다.
마태복음 19장 22절, 쉬운성경

청년의 시절은 재물을 좇는 시기가 아닙니다. 길이요 구원자 되신 예수님을 좇아야 하는 시기입니다. 이 시대의 청년들이 재물보다 복음이신 예수님을 선택하기를 기도했습니다.

"화려한 길 아니라 진리의 길을 걷는
거룩한 주 예수의 청년 되게 하소서"

청년들의 문화는 세상의 화려함과 아주 가까이 있습니다. 조금만 눈을 돌려보면 빠져나올 수 없을 만큼 재미있고 흥미롭고 화려한 것들이 많습니다. 많은 사람이 그 화려한 길을 흠모하며 그 길로 걷기를 원합니다.

하지만 많은 믿음의 사람들은 청년 시절에 화려한 길을 좇지 않고 진리의 길에 서 있었습니다. 오늘 우리는 어떠한 길에 서 있는지

돌아보아야 합니다. 화려한 길의 끝에는 공허함이 있지만 진리의 길 끝에는 하늘 영광이 있습니다.

"불의로 얻는 복은 당당히 포기하고

하나님 보시기에 정결한 그릇 되어"

'사회생활' 안에는 이미 관습적으로 내려오는 일들이 있습니다. 그중에 때로는 약간의 편법도 있고, 관습처럼 내려오는 일이라서 불법인데도 그 일을 해야 할 때가 있습니다. 그것을 따르지 않으면 사회공동체에서 때로는 불이익을 당하기도 합니다.

그러나 하나님이 보고 계신 것을 기억하며, 세상에서 불이익을 당할지라도 당당하게 불의를 포기하고 정결을 선택하는 청년들이 일어나기를 기도합니다.

정결은 이 시대의 청년이 가지는 강력한 무기입니다. 쉬워 보이는 불의의 길을 당당히 거절하고 포기하고, 험난해도 평안이 넘치는 예수의 길을 걷기를 소망합니다.

"이 땅에 날 보내신 하나님의 뜻대로

주 영광 위해 사는 청년 되게 하소서"

열심히 농사를 짓는 농부가 있습니다. 밭을 갈고 씨앗을 뿌리고 물을 주고 밤낮없이 돌봐줍니다. 시간이 지나면 싹이 나고 꽃이 피고 차차 열매를 맺습니다. 그러나 폭풍이 와서 그 농부의 수고와 헌신이 물거품이 된다면 얼마나 허무하겠습니까?

우리의 인생 여정이 이와 비슷합니다.

태어나서 열심히 공부하고 일하고 원하는 것을 누리며 살지만, 어느새 죽음 앞에 서게 됩니다. 그때 허무함과 공허함, 두려움이 엄습해 옵니다. 우리가 이 땅을 떠날 때 가지고 갈 수 있는 것은 아무것도 없습니다. 그때에는 이제까지 무엇을 위하여 살아왔는지, 삶이 무의미하게 느껴질 수 있습니다.

이 공허한 세상에서 하나님은 우리에게 삶의 의미를 주셨습니다. 그것은 바로 하나님의 자녀가 되고 그분과 교제하며 하나님을 영화롭게 하는 것입니다.

우리가 '나'를 위한 삶에서 한 걸음 나아가 나를 이 땅에 보내신 하나님의 뜻대로 살아갈 때 삶의 참된 의미를 누릴 수 있을 것입니

다. 청년들이 '나를 이 땅에 보내신' 뜻대로, 바로 하나님 영광을 위해 살아가기를 기도합니다.

"때론 연약해져도 방황 않게 하소서
세상 헛된 파도에 낙심 않게 하소서"

하나님의 사람도 때로는 낙심할 수 있고 방황할 수도 있습니다. 엘리야가 그랬습니다.

자기 자신은 광야로 들어가 하룻길쯤 가서
한 로뎀 나무 아래에 앉아서 자기가 죽기를 원하여 이르되
여호와여 넉넉하오니 지금 내 생명을 거두시옵소서
나는 내 조상들보다 낫지 못하니이다 하고
열왕기상 19장 4절

너무나 큰 기적을 체험하고 하나님께 크게 쓰임 받았지만 엘리야도 지칠 때가 있었습니다. 광야 길을 하루 동안 걸었습니다.

우리가 믿음으로 살아갈 때 세상은 청년들을 가만두지 않습니다. 유혹하고 위협하고 어떻게든 낙심하게 만듭니다. 그래서 우리도 때로는 낙심할 수 있고 방황할 수도 있습니다.

하지만 엘리야처럼 낙심될 때도 주님 앞에서 기도해야 합니다. 방

황할지라도, 주님께 다시 돌아오면 주님은 엘리야에게 하신 것처럼 사랑으로 먹이시고 다시 힘을 주셔서 세상 가운데서 낙심하지 않도록 일으키실 것입니다.

…여호와여 넉넉하오니 지금 내 생명을 거두시옵소서
나는 내 조상들보다 낫지 못하니이다 하고
로뎀 나무 아래에 누워 자더니 천사가 그를 어루만지며
그에게 이르되 일어나서 먹으라 하는지라
본즉 머리맡에 숯불에 구운 떡과 한 병 물이 있더라
이에 먹고 마시고 다시 누웠더니 여호와의 천사가
또다시 와서 어루만지며 이르되 일어나 먹으라
네가 갈 길을 다 가지 못할까 하노라 하는지라
이에 일어나 먹고 마시고 그 음식물의 힘을 의지하여
사십 주 사십 야를 가서 하나님의 산 호렙에 이르니라

열왕기상 19장 4-8절

청년이여 네 어린 때를 즐거워하며
네 청년의 날들을 마음에 기뻐하여
마음에 원하는 길들과 네 눈이 보는 대로 행하라
그러나 하나님이 이 모든 일로 말미암아
너를 심판하실 줄 알라

전도서 11장 9절

청년의 시절에만 드릴 수 있는 예배가 있습니다. 그 순수하고 아름다운 마음으로 나아오는 예배, 오직 하나님만 높이기를 원하는 그 예배! 청년의 시절에만 부를 수 있는 찬양이 있습니다. 열정적이고 온 마음을 다하여 부를 수 있는 찬양! 이 시대의 청년들이 청년의 시절에 하나님이 기뻐하시는 찬양과 예배를 놓치지 않기를 간절히 소망합니다.

청년의 기도

내게 주신 모든 것 주께 감사드리며
많은 재물 보다 더 복음을 선택하고

화려한 길 아니라 진리의 길을 걷는
거룩한 주 예수의 청년 되게 하소서

불의로 얻는 복은 당당히 포기하고
하나님 보시기에 정결한 그릇 되어

이 땅에 날 보내신 하나님의 뜻대로
주 영광 위해 사는 청년 되게 하소서

때론 연약해져도 방황 않게 하소서
세상 험한 파도에 낙심 않게 하소서

청년의 시절 지날 때
날 지으신 주님 뜻대로

하나님 예배하는 삶
복음을 전하는 삶
그렇게 살길 기도합니다

내 이름 내려놓고 예수의 이름 들고
어둔 세상 속에서 작은 생명 빛 되어

천하보다 소중한 한 영혼 살리는 삶
예수님 닮아가는 청년 되게 하소서

때론 연약해져도 방황 않게 하소서
세상 험한 파도에 낙심 않게 하소서

청년의 시절 지날 때
날 지으신 주님 뜻대로

하나님 예배하는 삶
복음을 전하는 삶
그렇게 살길 기도합니다

chapter

10

가장 좋은 것을 주시는 하나님

　하나님은 우리의 선한 목자가 되십니다. 그분이 인도하시는 길이 가장 완전하고 좋은 길입니다. 양이 목자를 따라갈 때 뜻 모를 길을 걸을 때도 있고 내 생각과 전혀 다른 길을 갈 때도 있습니다. 그러나 목자는 양을 사랑하기에 가장 좋은 길로 인도하십니다.

　우리가 목자 되신 주님을 따라갈 때 높은 산도 있는 것 같고 뜻 모를 길을 걷는 것 같을 때도 있겠지만, 시간이 지난 후에는 하나님께서 가장 좋은 길로 인도하셨음을 고백하게 될 것입니다.

　하나님이 인도하시는 길은 너무나 높아 우리의 작은 눈으로 다 볼 수 없고 그분의 계획은 너무 완전해서 불완전한 우리의 지혜로 판단할 수 없습니다.

이는 하늘이 땅보다 높음같이
내 길은 너희의 길보다 높으며
내 생각은 너희의 생각보다 높음이니라
이사야서 55장 9절

때로는 내가 만나고 걷는 이 길이 맞는지, 내가 바르게 살아가고 있는지 의심될 때도 있고 내가 과연 이 길을 걸어야 할지 고민될 때도 있지만, 우리가 주님 안에서 만나는 모든 일은 하나님의 계획 안에 있기에 헛된 것이 하나도 없고 다 이유가 있는 줄 믿습니다. 그래서 그 길을 걸어가고 살아내면 결국 가장 좋은 것을 주시는 주님을 만나고 경험할 것입니다.

내 생각과 달랐던 주님의 길

2021년 12월, 미국 LA에서 GBC 미주복음방송과 함께 투어 사역을 진행하는 동안 '주님은 내가 생각지도 못한 방법으로 사역의 방향을 인도하시고 내가 생각하고 기도한 것보다 더 좋은 것으로 채우며 인도하신다'는 것을 알게 되었습니다.

내가 알 수도 갈 수도 없었던 가장 좋은 길

스무 살에 찬양 사역을 시작하려고 전문 사역팀에 들어가게 되었습니다. 저는 모든 부분에서 미숙하였기에 그곳에서 처음 시작한 사역은 집회를 돕는 역할이었습니다. 집회 전에 스피커를 비롯한 음향 장비를 차에 싣고 집회 장소에 가서 세팅하고, 집회를 마치면 짐을 정리하는 일로 저의 사역이 시작되었습니다. 제가 생각했던 찬양 사역의 모습과는 달랐습니다. 무대에서 찬양을 부르거나 연주하는 것을 꿈꾸었지만 저의 사역은 그렇지 않았습니다.

방에 낡은 드럼을 사다 놓고 드럼을 연습해왔던 저는 처음에는 드럼으로 사역할 수 있을 것이라 생각했습니다. 그러나 그 생각과는 달리 엔지니어 보조로 라이브 음향에 대해서 배우면서 집회를 도왔습니다. 마이크 청소도 하고, 음향 케이블이 고장 나면 직접 수리도 하고 제작도 했습니다.

이후에도 드럼을 연주하지 못하고 베이스 기타와 컴퓨터 음악으로 사역을 보조하게 되었습니다. 제가 생각한 사역과 다른 길로 가고 있었습니다. 그런 후에야 싱어로 섬길 수 있었고, 시간이 지나서 드럼으로도 사역했고, 드럼을 전공하게 되었습니다.

하지만 여러 가지를 하면서도 어떤 방면에서도 뛰어난 연주자는 아니었습니다. 주어진 자리에서 최선을 다하며 살아가고 있었지만, 이 자리가 하나님께서 부르신 자리인지 마음 한구석에서는 늘 고민이 되었습니다.

    시간이 지나 서른 살이 되었을 때 저는 특별한 부르심을 통해 클래식 작곡과로 편입하게 되었습니다. 실용음악 드럼과 음향을 주로 많이 했던 저에게 클래식은 어려운 분야였습니다. 클래식을 공부하고 난 후에는 교회음악과 신학을 공부했고, 이후에 클래식 작곡을 더 깊이 공부하게 되었습니다.

    저의 20대는 제 생각과는 다른 길이었습니다. 저의 지혜로는 알 수 없는 길을 걸었습니다. 다만 주 안에 있는 제 삶을 감사로 여기며 주어지는 길을 순종함으로 한 걸음 한 걸음 걸어왔습니다.

    20년이 흘러서 미국 투어 사역을 하며 삶을 돌아보니 하나님의 크신 계획에 놀라지 않을 수 없었습니다. 그리고 모든 것을 합력하여 선을 이루시는 선하신 하나님을 알게 되었습니다.

    '지금 내가 하고 있는 찬양 작곡과 음반 제작, 예배 인도, 그리고 학교에서 학생들을 가르치는 일과 간증 사역. 이 모든 것을 과연 나의 지혜로 준비할 수 있었을까?'

저는 한 번도 준비한 적이 없었는데 하나님께서 제 삶을 인도해 오셨다는 것을 깨닫게 되었습니다. 제가 실패라고 생각한 그 자리가 지금의 저를 있게 한 가장 중요한 자리였습니다.

저는 알 수 없는 길을 걷고 있다고 생각했는데 하나님께서는 제게 가장 필요한 것들을 모두 경험할 수 있도록 허락해주셨고, 저를 가장 좋은 길로 인도하고 계셨습니다.

주 안에 헛된 길은 없다

우리가 알거니와 하나님을 사랑하는 자
곧 그의 뜻대로 부르심을 입은 자들에게는
모든 것이 합력하여 선을 이루느니라
로마서 8장 28절

성경에서 하나님의 사람들을 보면 하나님께서 인도하시는 방법을 엿볼 수 있습니다. 특히 요셉의 삶을 보면 그것을 뚜렷이 알 수 있습니다.

요셉에게 종의 삶, 감옥에서의 시간은 필요하지 않을 것 같았지만 사실은 그에게 꼭 필요한 시간이었습니다. 그 시간 동안 그는 어디

서나 함께하시며 형통하게 하시는 하나님을 경험했고, 또한 총리로서 필요한 행정과 지식 등 모든 것을 그곳에서 자연스럽게 배울 수 있었습니다.

하나님이 인도하시는 길이라 믿고 걸어가면 내 힘으로 갈 수 없는 길을 걷고, 내 힘으로 오를 수 없는 그곳에 서게 된다는 것을 알게 되었습니다.

우리가 주 안에 있을 때 만나는 일 중에 무의미한 것은 없습니다. 우리가 주 안에서 지나는 길에 헛된 길이 없습니다. 하나님 안에 있다면 허무한 시간이 없는 것입니다. 하나님의 놀라운 계획 가운데 의미가 있고 이유가 있습니다.

우리의 작은 눈으로는 하나님이 하시는 일을 다 볼 수 없고 우리의 작은 지혜로는 하나님의 계획을 측량할 수 없습니다. 지금도 주님은 완전한 계획으로 우리를 인도하고 계십니다.

계획했던 것과 다른 삶을 살고 있습니까? 원하는 대학에 가지 못했습니까? 원하는 전공을 공부하지 못하고 있습니까? 원하는 직장에 들어가지 못했습니까? 삶이 내가 계획한 것과 다르게 펼쳐지고 있습니까?

주 안에 있다면, 염려하지 마시기를 바랍니다. 하나님은 정확하게 인도하고 계십니다. 내가 서 있는 곳에서 내가 배워야 할 일이 있고 내가 만나야 할 사람이 있으며 내가 연단 받아야 할 일이 있습니다. 그러므로 우리는 주어진 일에 감사하며 그분의 계획하심에 자신을 맡겨드리면 됩니다.

　시간이 조금 지나면 안개가 걷히듯이 하나님의 놀라운 계획이 조금씩 보이며, 그분이 사랑으로 인도하신 의도가 이해될 것입니다. 그래서 내가 걷고 있는 이 길이 가장 좋은 길이었다고 고백하게 될 것입니다. 가장 좋은 것을 주시는 하나님을 신뢰하며 그분을 찬양합니다!

가장 좋은 것을 주시는 하나님

내 생각보다 내 계획보다
더 좋은 것을 주시는 주님

내 기도보다 내 소망보다
더 좋은 것을 주시는 주님

내가 알 수 없는 길로
내가 갈 수 없는 길로
가장 좋은 길로 날 인도하시네

내가 할 수 없는 일도
나의 주가 이루시네
가장 좋은 것을 주시는 하나님

나의 지혜로 나의 힘으로
다 할 수 없는 일이라 해도

주의 지혜로 주 능력으로
더 좋은 것을 내게 주시네

내가 알 수 없는 길로
내가 갈 수 없는 길로
가장 좋은 길로 날 인도하시네

내가 할 수 없는 일도
나의 주가 이루시네
가장 좋은 것을 주시는 하나님

chapter
11
두렙돈

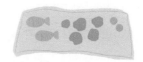

누가복음 21장 2-4절에 나오는 과부의 두 렙돈 이야기는 항상 제게 큰 위로를 줍니다. 요한복음 6장 9절에 등장하는 오병이어 소년의 이야기도 그렇습니다.

저는 항상 제가 가진 것이 두 렙돈과 같다고 생각했습니다. 너무 작아서 사람들 앞에 내어놓기가 꺼려지고 부끄러워, 내가 가지고 있는 것으로 무엇을 할 수 있을까 고민했습니다. 제가 가진 재능과 환경이 두 렙돈 같아서 아무것도 할 수 없을 것 같을 때, 이 말씀이 항상 저에게 위로가 되었습니다.

특히 예수님의 칭찬은 누가복음 21장 3,4절에 나옵니다.

이르시되 내가 참으로 너희에게 말하노니
이 가난한 과부가 다른 모든 사람보다 많이 넣었도다
저들은 그 풍족한 중에서 헌금을 넣었거니와
이 과부는 그 가난한 중에서
자기가 가지고 있는 생활비 전부를 넣었느니라 하시니라

내가 가진 것이 얼마인지가 중요한 것이 아니라, 내가 가진 것을 하나님이 주신 것이라 여기고 그것을 전부 드릴 수 있다면, 비록 작은 두 렙돈 같은 재능이라도 주님의 기쁨이 될 수 있을 것입니다.

이러한 결단의 마음이 생겨 저는 무엇을 위해 사역을 하려는 것인지 점검하게 되었습니다. 사람들의 박수갈채 때문이 아니었습니다. 하나님의 "잘하였다, 충성된 종아" 이 한마디면 충분했습니다.

두 렙돈과 오병이어의 묵상

그때부터 '두 렙돈'이라는 제목으로 가사를 쓰기 시작했습니다.

"나 가진 것 너무 작은 두 렙돈
너무 작아서 부끄러웠지만
내 전부를 하나님께 드릴 때
가장 크게 받으사 칭찬하시네"

저의 재능은 너무 작은 재능이었습니다. 교회 찬양팀을 위해 배운 악기 연주…. 작은 교회를 다녔기에 여러 파트를 모두 배워야 했고, 따로 엔지니어가 없었기에 음향도 배워야 했습니다. 청소년부 임원과 주일학교 교사, 장년 예배 찬양팀까지 여러 곳에서 섬길 수 있는 기회를 하나님께서 허락해주셨습니다.

그렇게 교회에서 봉사하며 여러 악기를 배우고 음향을 다룰 수 있었던 것이 장로교신학대학교 기독교교육연구원에서 어린이 동요를 만들고 녹음하는 일에 큰 도움이 되어 이 작업을 10년간 할 수 있었습니다. 그 일들을 통해 정말 많은 것을 배우고 좋은 분들을 만나는 축복을 받았습니다.

그 당시 배웠던 것들이 기반이 되어 지금 제가 하는 모든 일을 할 수 있도록 하나님께서 허락해주셨습니다. 제가 가진 두 렙돈을 주님께 드렸더니, 하나님께서 받아주셨습니다.

"나 가진 것 작은 떡과 물고기
너무 작아서 부끄러웠지만
내 전부를 하나님께 드릴 때
주 나를 통하여서 역사하시네"

오병이어에 대한 성경 구절을 묵상하게 되었습니다.

물고기 두 마리와 작은 보리떡 다섯 개를 가진 아이. 그 누구도 주목하지 않았던 이름 없는 한 아이. 남자아이인지 여자아이인지, 어디에 사는 누구의 자녀인지도 모르는 그 아이가 자기가 먹기 위한 도시락을 가지고 나왔습니다.

그 당시에도 많은 아이가 도시락을 싸 왔을 것입니다. 수많은 남자들이 아내가 싸준 도시락을 가지고 왔을 것입니다. 그런데 예수님에게 도시락을 가져온 사람은 그 아이 한 명이었습니다.

그 아이의 평범한 도시락이 예수님의 축사를 받은 후에는 수많은 사람을 먹이는 기적이 되었습니다. 내가 가진 것이 오병이어처럼 작고 평범할지라도, 주님께 그대로 가지고 나오기만 하면 하나님께서 칭찬하시고 귀하게 사용하셔서 주님의 역사를 이루시는 것을 보았습니다.

하나님께 가지고 나오기만 하면 된다

우리는 종종 우리가 가진 것에 집중합니다. 내가 가진 것이 사람들에게 보이기에 얼마나 아름다운지, 남들이 주목할 만큼 풍성한지 고민합니다. 하지만 하나님은 내가 무엇을 가지고 있는지가 아니라 내가 그것을 주님께 전부 드리는가, 그것을 가지고 주님께 나아갈 헌신이 있는가를 중요하게 여기십니다.

당신은 자신이 가진 것이 작고 보잘것없어서 내놓을 것도, 할 수 있는 것도 없다고 생각하고 있는지도 모릅니다. 작은 재능으로 과연 하나님나라에 도움이 될 수 있을까 고민하는 분이라면, 그대로 가지고 나오십시오. 전부를 드리십시오.

당신이 할 수 있는 것으로 최선을 다해 섬기십시오. 단기선교 사역팀에 풍선아트를 잘하는 분이 계셨는데, 그 분의 풍선 하나가 아이들에게 복음을 전하는 귀한 도구가 되었습니다. 어떤 분들은 드러나지 않는 귀한 섬김의 은사를 가지고 있습니다. 그분들의 섬김을 통해 많은 사람이 회복됩니다.

우리가 받은 달란트 가운데 쓸모없는 것은 하나도 없습니다. 하나님은 각자에게 주신 재능을 통해 일하십니다. 그림을 그리는 재능, 악기를 다루는 재능, 꽃을 잘 키우는 재능, 음식을 맛있게 만드는 재능, 정리를 잘하는 재능, 다른 사람을 기분 좋게 하는 달란트 등 이 모든 재능을 주님께 드리십시오. 주님께서 귀하게 쓰실 것입니다.

내가 가진 두 렙돈을 가지고 나와 주님께 드리면 됩니다. 예수님이 축사하시면 놀랍게 쓰임 받을 것입니다. 하나님이 쓰시기 때문에 우리는 가지고 나오기만 하면 됩니다. 역사는 하나님이 이루십니다.

가진 것이 작고 보잘것없어 망설이는 분들이 오늘, 주님께 가지고 나오시기를 간절히 소망합니다. 주님께서 칭찬하시고 귀하게 사용하셔서 하나님의 영광을 나타내게 될 줄 믿습니다. 우리의 두 렙돈과 오병이어를 주님께 드립시다.

두 렙돈

나 가진 것 너무 작은 두 렙돈
너무 작아서 부끄러웠지만

내 전부를 하나님께 드릴 때
가장 크게 받으사 칭찬하시네

작은 두 렙돈 하나라도
주님 보시기엔 가장 값진 헌신

작은 내 삶도
하나님이 원하신 곳에
아름답게 쓰소서

나 가진 것 작은 떡과 물고기
너무 작아서 부끄러웠지만

주 말씀에 내 삶 순종할 때에
주 나를 통하여서 역사하시네

주님 한 분만 평생토록
사랑하는 삶 살길 원해요

주님 한 분만 평생토록
사랑하는 삶 그 길 걷게 하소서

작은 내 삶도
하나님이 원하신 곳에
아름답게 쓰소서

chapter
12
하나님의 부르심

  2020년 4월, 인천에서 찬양 사역을 시작한 찬양팀의 리더 전도사님으로부터 한 통의 전화를 받았습니다. 전도사님은 제가 작곡한 찬양을 통해 받은 은혜를 나누며, 저와 만나고 싶다고 하셨습니다. 이후에 제가 사는 대전까지 찾아와 함께 식사하며 교제의 시간을 가졌습니다.

  이야기를 나누다 보니, 서로에게 많은 공통점이 있다는 것을 알게 되었습니다. 둘 다 드러머 출신이고, 이제는 찬양 인도자로서 리더 역할을 하고 있었습니다. 무엇보다도, 서로에게 같은 마음이 있었습니다.

  찬양 사역을 시작했지만 둘 다 자신이 부족하다고 느껴서 '과연 내가 할 수 있는 일이 얼마나 있을까? 하나님이 나를 부르셨는데 내가 이 사역을 잘 감당할 수 있을까?' 하는 마음이 있었습니다. 달란트가 부족하다고 느끼는 상황에서 하나님께서 우리를 사용해주신다는 사실에 감사했습니다. 교제를 나누면서 좋은 동역자를 얻은 것 같다는 마음이 들었습니다.

대화 중에 전도사님이 팀의 비전을 나누어주셨는데 그 비전을 들으면서 저는 하나님께 마음속으로 질문하게 되었습니다.

'하나님, 이 팀을 위해 제가 할 수 있는 일이 있을까요?'

곰곰이 생각하며 대화를 나누고 있을 때 하나님께서 로마서 11장 29절 말씀을 떠오르게 하셨습니다.

하나님의 은사와 부르심에는
후회하심이 없느니라

하나님의 부르심에는 후회가 없다는 이 말씀을 붙잡고 묵상하기 시작했습니다. 그러는 동안 2000년도부터 시작했던 저의 20년간의 찬양 사역이 떠올랐습니다.

찬양 사역으로의 부르심

스무 살 때 찬양 사역을 하고 싶은 생각에 무작정 전문 사역팀에 들어갔지만, 제가 가진 달란트는 너무 부족했고 제가 할 수 있는 일은 적었던 것 같습니다. 집회 시작 전 스피커를 나르고 마이크 선을

설치하는 것이 제 사역의 시작이었습니다.

부족한 저를 때로는 음향 엔지니어의 자리에서 사용해주셨고, 때로는 드러머 자리에서, 때로는 싱어의 자리에서, 그리고 인도자의 자리에서 사용해주셨습니다.

열심히 사역하고 있었지만 제 사역의 자리는 화려하지 않았고, 20년간 사역했어도 저는 사람들이 전혀 알지 못하는 무명의 사역자였습니다. 하지만 그것은 저에게 문제가 되지 않았습니다.

20년간 사역을 계속할 수 있었던 것은 찬양할 때 주시는 기쁨과 하나님께 쓰임받는 것에 대한 감사가 있었고, 찬양을 통해 많은 분이 회복되는 것을 보았기 때문이었습니다. 그렇기에 사명감을 가지고 그 사역을 잘 감당해 올 수 있었습니다.

그렇지만 20년이 지나서 제 안에는 질문이 있었습니다. '나는 앞으로 어떻게 사역해야 할 것인가?'

20년을 은혜로 사역해왔지만, 앞으로의 정체성과 방향에 대해 고민이 많았습니다. 이제 목사 안수를 받게 되는데, 찬양 사역을 계속해야 할지, 아니면 목회에 전념해야 할지도 고민이었고, 안수 후의 삶은 어떻게 변할 것인가 생각하면 막막하기도 했습니다.

나보다 뛰어나고 훌륭한 새로운 사역자들이 너무 많고, 시작부터 다른 달란트를 가진 사람들도 너무 많다는 생각이 들었습니다. '나의 한계는 여기까지가 아닐까?'라는 생각도 가끔씩 스쳐 지나갔습니다.

자녀들이 점점 자라가는 현실 속에서, 여러 생각들이 저를 힘들게 했습니다. '내가 여기 계속 서 있어도 될까? 내가 계속 이 길을 걸어도 될까?'라는 의문도 들었습니다. 그런데 대화 가운데 주신 이 말씀이 정말 위로와 확신을 주었습니다.

"하나님의 부르심에는 후회하심이 없느니라."

이 말씀을 통해 확실히 깨달았습니다. 찬양 사역을 시작한 것이 제 의지나 생각이 아니라 하나님의 부르심이었다는 것을…. 어떤 조건이나 환경에 의해서가 아니라, 하나님께서 불러주셔서 그 사역을 시작한 것이었습니다. 제가 재능이 있어서 시작한 것이 아니고, 실력이 탁월해서 여기까지 온 것도 아니었습니다. 돌아보니 지난 20년 동안도 제 생각과는 정말 다르게 하나님께서 저를 사용해주셨다는 것을 깨닫게 되었습니다.

작곡으로의 부르심

특별히, 작곡하는 사역자로 부르셨을 때를 나누고 싶습니다. 저는 서른 살에 작곡가로 부르심을 받았습니다. 어릴 적 어려운 가정 형편 때문에 제대로 음악 공부를 해본 적도 없고 음악적 재능이 뛰어나지도 않아서, 작곡을 해야겠다는 생각은 한 번도 해본 적이 없었습니다. 작곡은 음감이 뛰어나고 타고난 음악성을 지닌 분들이 하는 특별한 영역으로 인식하고 있었습니다.

저는 10대와 20대에 늘 교회에서 찬양을 하며 살았습니다. 그중에서도 주로 드럼을 연주하고 음향 엔지니어를 병행했습니다. 저는 클래식 음악보다는 주로 밴드 음악과 관련된 실용음악을 좋아했습니다. 그런데 하나님께서는 저를 불러 클래식 작곡을 공부하게 하셨습니다.

2018년, 캄보디아 선교를 가게 되었습니다. 그곳에서 주일 예배 중 캄보디아 청년들의 찬양 특송 시간이 있었습니다. 눈물 흘리며 율동하며 찬양하는 캄보디아 청년들을 보면서, 제 안에는 은혜도 있었지만 의문도 있었습니다.

'이 청년들이 한국어로 찬양을 부르는데 찬양의 뜻을 알고 부르는 것일까?'

그리고 한국에서 나온 지 오래된 그 찬양이 먼 캄보디아 땅에서 불리고 있다는 것이 참 신기했습니다.

이 경험을 통해 찬양곡이 시대와 나라, 민족, 언어를 초월하여 수많은 사람에게 하나님의 은혜를 공급하는 귀한 통로가 된다는 것을 깨달았습니다. 작곡은 하나님의 은혜와 영광을 나타내는 귀한 도구라는 생각이 들었습니다. 그때 잠시 '나도 곡을 써보면 어떨까?'라는 생각이 들었지만, 작곡은 특별한 사람들의 영역이라 생각하고 바로 잊었습니다.

귀국한 후 몇 달 지나지 않아 한 후배가 저에게 "형, 작곡하세요"라고 말했습니다. 당시 저는 드럼을 연주하고 레슨하며 음반 레코딩 사역을 하고 있었습니다. 왜 저에게 작곡을 이야기하는지 알 수 없었습니다.

시간이 조금 흐른 뒤, 시골 교회 부흥회에 반주를 도와주러 갔을 때 강사 목사님이 저를 보고 "하나님께서 형제님이 하고자 하시는 일, 꿈꾸는 일을 하기를 원하십니다"라고 말씀하셨습니다.

저는 사실 성경에서 주시는 말씀을 가장 신뢰하며 신앙생활을 하고 있었기 때문에 목사님의 말씀이 귀중하게 다가왔지만, 한 번 듣고 지나가는 말씀이라고 생각하고 잊으려 했습니다. 하지만 그 부흥회 동안 몇 차례나 같은 말씀을 들었고, 기도할 때도 하나님께서 제게 동일한 마음을 주셨습니다.

여러 경로를 통해, 하나님께서 저를 부르신다는 것을 깨달았습니다. 당시 나이가 많은 데다 자녀의 출산까지 앞둔 시점이었지만 다시 공부하기로 결심하고, 작곡을 권유했던 동생의 소개로 3개월 동안 작곡 레슨을 받았습니다.

이후 음악대학 작곡과 편입 시험을 보았는데, 저를 제외한 수험

생 모두가 작곡 전공 출신이었습니다. 드러머 출신인 저는 자신이 없었지만, 신기하게도 저 혼자만 합격하게 되었습니다. 클래식 작곡을 공부할 기회를 하나님께서 허락해주셨습니다.

부르심을 믿을 때 부족함과 낙심을 이긴다

하나님이 부르셔서 이 자리에 왔다고 믿었지만 현대에 음악 작품을 작곡하는 것은 쉬운 일이 아니었습니다. 며칠씩 밤을 새워가며 작곡을 했습니다. '과연 나를 작곡가로 부르셨을까?', '이렇게 재능이 없는 나도 쓰임 받을 수 있을까?'라는 의문도 계속되었습니다. 그러나 하나님께서 노력하는 마음과 힘을 주셔서 계속 공부하게 하셨고, 많은 분과 동역할 수 있었습니다.

작곡할 때마다 항상 힘든 부분이 많았습니다. 오랜 시간 가사를 묵상하는 시간이 필요했고, 음악적인 부분에서도 뛰어난 감각과 화려한 연주 실력이 뒷받침되지 않아서 늘 저의 부족함을 느끼곤 했습니다.

그렇지만 '나는 하나님의 부르심으로 작곡가가 되었고, 하나님이 불러주셨기 때문에 끝까지 인도해주실 것'이라는 믿음이 제 안에 살아 있었습니다. 그래서 저보다 실력이 더 뛰어난 분들을 보아도 낙심하지 않았습니다.

그분들도 하나님이 부르셔서 그 자리에 있는 것이고, 저도 하나님이 부르셔서 이 자리에 있는 것입니다. 그분들이 할 수 있는 영역이 있고, 제가 해야 할 일이 있습니다. 그분들이 쓸 수 있는 곡이 있고, 제가 써야 할 곡이 있는 것입니다.

저는 작곡가로서의 부르심에 감사하며, 로마서 11장 29절 말씀을 묵상하면서 〈하나님의 부르심〉이라는 찬양의 가사를 쓰기 시작했습니다. 특별히, 저를 찾아오신 전도사님과 그 팀을 위해 곡을 만들어야겠다는 마음도 하나님께서 부어주셨습니다.

"하나님의 부르심에는 후회하심이 없네"

하나님은 사람을 부르신 후에 후회하지 않으십니다. 끝까지 믿어주시는 분입니다. 그리고 지금도 은혜를 거두지 않고 여전히 베풀고 계십니다. 오늘 내가 서 있는 가정, 일터, 공동체, 교회의 직분은 하나님이 부르신 자리입니다. 그분의 부르심 없이는 그 자리에 서 있을 수 없습니다.

"하나님의 부르심에는 결코 실수가 없네"

내가 보기에는 내 길이 잘못된 것 같고, 멀리 돌아가는 것 같고,

모든 것이 은혜, 은혜, 은혜

원하는 대학에 가지 못하고, 원하는 직장에 가지 못하고, 원하는 것을 이루지 못해서 실패한 것처럼 보일지 모르지만, 그렇지 않습니다. 하나님의 계획에는 실수가 없으며, 그곳에서 내가 연단 받아야 할 것과 만나야 할 사람이 있고 배워야 할 것이 있기 때문에 그 자리에 세우셨습니다.

"작은 나를 부르신 뜻을 나는 알 수 없지만
오직 감사와 순종으로 주의 길을 가리라"

주변에 더 좋은 달란트를 가진 사람도 많고, 더 뛰어난 사람도 많으며, 더 잘하는 사람도 참 많습니다. 더 믿음 좋은 사람도 많아 보입니다. 그때에 "왜 제가 여기 있습니까? 이렇게 작은 나를 부르셔서 어떻게 쓰려고 하십니까? 저는 할 수 없습니다"라고 하기보다는 감사하고 순종하며, 부르신 자리에서 매일매일을 살아내겠다고 결단하기를 소망합니다.

"때론 내가 연약해져도 주님 날 도우시니
주의 놀라운 계획을 나는 믿으며 살리"

인간적인 마음과 연약함 속에서 지치고 힘들 때가 있습니다. 하지만 주님이 지금까지 붙잡아주셨듯이 앞으로도 붙들어주실 것입니다. 하나님의 크신 계획은 나의 지혜로 측량할 수도 없고, 나의 작은 눈으로 다 볼 수도 없습니다. 그 하나님의 계획을 믿으며 부르심을 따라가야 합니다.

"날 부르신 뜻은 내 생각보다 크고
날 향한 계획은 나의 지혜로 측량할 수 없으나…"

아버지조차 기대하지 않은 막내, 목동 다윗을 하나님은 왕으로 불러주셨습니다. 우리의 모습은 별 볼 일 없는 부족한 사람 같아 보일지라도, 하나님은 나를 통해 놀라운 일을 하시려고 부르셨습니다. 나의 작은 눈으로는 다 볼 수 없고, 나의 작은 지혜로는 측량할 수 없을 뿐입니다.

"가장 좋은 길로 가장 완전한 길로
오늘도 날 이끄심을 믿네"

하나님은 생명까지 주셔서 부르신 귀한 자녀를 끝까지 책임지십니다. 우리가 멈추지 않고 끝까지 걸어가면, 어느새 내가 하나님께 쓰임받는 모습을 발견하며 하나님을 찬양하게 될 것입니다.

우리가 서 있는 곳은 모두 하나님이 부르신 자리입니다.

그곳에서 내가 연단 받을 일이 있습니다.

그곳에서 내가 더 성숙해질 것입니다.

그곳에서 내가 만나야 할 사람이 있습니다.

그곳에서 나만이 해야 할 일이 있습니다.

그곳에서 나를 통해 복음을 들어야 할 영혼이 있는 것입니다.

하나님께서 부르시고 사명을 맡겨주신 그 자리, 그 부르심 받은 자리에서 오늘도 완전한 계획 가운데 가장 좋은 길로 인도하실 신실하신 하나님을 믿고 그분을 찬양하며 믿음의 길을 걸어가시기를 간절히 소망합니다.

이 글을 쓰고 있는 지금, 〈하나님의 부르심〉이라는 찬양을 부르는 이 워십팀은 어느새 정말 국내외로 아름답게 하나님의 은혜를 나누고 그분의 이름을 높이는 귀한 팀으로 자리잡고 있습니다.

야곱아 너를 창조하신 여호와께서 지금 말씀하시느니라
이스라엘아 너를 지으신 이가 말씀하시느니라
너는 두려워하지 말라 내가 너를 구속하였고
내가 너를 지명하여 불렀나니 너는 내 것이라

이사야서 43장 1절

하나님의 부르심

하나님의 부르심에는
후회하심이 없네

내가 이 자리에 선 것도
주의 부르심이라

하나님의 부르심에는
결코 실수가 없네

나를 부르신 하나님의
신실하심을 믿네

작은 나를 부르신 뜻을
나는 알 수 없지만

오직 감사와 순종으로
주의 길을 가리라

때론 내가 연약해져도
주님 날 도우시니

주의 놀라운 그 계획을
나는 믿으며 살리

날 부르신 뜻 내 생각보다 크고
날 향한 계획 나의 지혜로 측량 못 하나

가장 좋은 길로 가장 완전한 길로
오늘도 날 이끄심 믿네

신실하신 주를 찬양해

chapter
13
예수께로 오세요

　2010년, 저는 기독교 대학에서 찬양 동아리 간사로 섬기고 있었습니다. 찬양 동아리는 매주 대학 채플 때마다 찬양으로 섬겼습니다. 비기독교인 대학생들도 필수적으로 채플에 참여하면서 자연스럽게 찬양을 접할 기회를 얻었고, 그 찬양을 통해 예수님을 믿기 시작한 청년들이 늘어갔습니다.

　하나님께서 제게 한 가지 비전을 주셨습니다. 청년들을 위해 복음 메시지를 담은 음반을 만드는 것이었습니다. 음반에 하나님의 사랑을 노래하는 곡과 예수님에게로 초청하는 찬양을 만들어 수록하기를 바랐습니다.

　그 마음을 교회 담임 목사님과 청년들과 나누고 음반을 만들기 위해 작곡을 시작했습니다. 열심은 있었지만 어떤 곡을 써야 할지, 어떤 내용을 담아야 할지 막막했습니다. 그때 '여기 예수님이 필요한 사람이 있습니까?'라는 질문이 생각나서 이 문장을 묵상하면서 〈예수께로 오세요〉라는 찬양을 만들기 시작했습니다.

　작곡 과정이 만만치 않았습니다. 당시 저는 작곡을 처음 시작한 무렵이라 곡을 쓰고 진행되는 모든 과정이 더뎠습니다. 또한, 작곡하는 환경도 어려웠습니다. 시골집에 살고 있었는데 겨울철 기름보일러의 비용을 감당하기 어려워 아이가 있는 방 외에는 난방을 하지 못했습니다.

첫 아이가 태어난 지 얼마 되지 않아 혹여라도 아이가 깰세라 조심조심 난방이 되지 않는 옆 방에서 작업했습니다. 너무 추워서 양말을 두 켤레 신고, 패딩점퍼를 입고, 낡은 키보드 앞에 앉아서 꽁꽁언 손에 입김을 호호 불어가며 작곡을 했습니다.

메시지가 중요했기 때문에 먼저 가사에 집중했습니다. 가사를 몇 달간 수정하며 곡을 만들었습니다. 그리고 이후 곡을 붙일 때는 최대한 많은 사람이 편하게 부를 수 있는 멜로디와 화성 진행을 만들기 위해 수백 번을 불러보며 작곡했습니다. 결국 곡이 완성되었습니다. 이런 내용의 곡이었습니다.

"여기 예수님이 필요한 사람이 있습니까? 마음이 가난한 사람이라면…, 여러 가지 상처와 세상 풍파에 견딜 힘이 없는 연약한 사람이라면…, 인생 가운데 실패가 많아 힘겨운 사람이라면…, 그리고 사람과의 관계와 여러 아픔으로 세상이 두려운 사람이라면…, 삶 가운데 눈물이 마르지 않는 사람이라면… 당신은 예수님이 필요한 사람입니다. 예수께로 오십시오. 예수님은 당신의 마음을 알고 계십니다. 예수님은 당신의 구주이십니다. 예수께로 오세요."

그리고 이 찬양을 주제로 몇 곡을 더 작곡하여 수록했고, 당시 담임 목사님이셨던 김성국 목사님(現 퀸즈장로교회 담임)의 복음 메시지를 음반 마지막에 넣었습니다. 음반을 발매하고 채플 날이 다가와서 학생들에게 광고를 했습니다.

"여러분을 위해 찬양 음반을 만들었고, 이것을 여러분에게 선물할 것입니다. 전도하기 원하는 분은 두 장씩 가져가시고, 이 메시지와 찬양을 들으며 위로받고 싶으신 분, 예수님을 알고 싶으신 분은 한 장씩 가져가시기 바랍니다. 여러분을 사랑하고 축복합니다."

그날 수백 명의 학생이 음반을 가져갔습니다.

그 찬양 음반 작업을 통해 저는 참 많은 것을 배웠습니다. 음반 제작 과정에 관해서도 여러 가지를 배울 수 있었고, 레코딩 녹음과 믹싱 작업을 접할 수 있었습니다.

또한, 찬양곡을 작사하고 작곡하는 일이 얼마나 아름다운 일인지 알게 되었습니다. 이후로 찬양을 작곡하는 일은 저와 주님의 일대일 만남의 시간이 되었습니다. 그것이 많은 곡을 작곡하는 원동력이 되었습니다.

몇 해가 지나 단기선교 중에 아름다운 간증을 들었습니다. 한 청년이 예수님을 멀리 떠나 있었는데 그 음반을 통해 다시 예수님에게로 돌아왔다는 것입니다. 그 이야기를 통해, 제가 모르는 곳에서도 하나님께서 일하시며, 복음을 위해 심을 때 반드시 열매를 맺게 하신다는 것을 알게 되었습니다.

오늘 당신은 가난함으로 마음이 어려우신가요? 삶의 고난과 아픔으로 눈물이 마르지 않고, 몸과 마음이 지쳐 삶이 힘겨우신가요? 실패를 많이 겪고 낙심하셨나요? 두려움 때문에 어떤 꿈을 꿀 용기조차 나지 않고 소망이 없다고 생각되시나요?

그렇다면 지금 당신에게는 예수님이 필요합니다. 예수께로 오십시오. 예수님은 두 팔 벌려 당신을 기다리고 계십니다. 그분은 당신을 위해 생명까지 내어주실 만큼 당신을 사랑하시고, 귀하게 여기십니다. 당신의 구주 되신 예수께로 나아오십시오.

예수께로 오세요

가난한 사람 연약한 사람
눈물 마르지 않는 사람

예수님이 필요한 사람
여기 있나요

실패한 사람 두려운 사람
꿈도 소망도 없는 사람

예수님이 필요한 사람
여기 있나요

예수께로 오세요
예수께로 오세요
당신의 마음 주가 알고 계세요

예수께로 오세요
예수께로 오세요
나의 구주 되신 예수께로 오세요

여정

　2020년, 대학원 시절 저를 지도해주신 교수님으로부터 한 통의 메시지를 받았습니다. 그 메시지에는 제가 이전에 작곡한 곡에 대한 은혜의 고백과 함께, 교수님의 삶에 대한 진솔한 이야기들이 담겨 있었습니다. 솔직하게 나누어주신 교수님의 이야기를 들으며, 〈여정〉이라는 곡을 작곡하기 시작하였습니다.

　곡을 지으면서 저도 삶을 되돌아보는 기회를 가졌습니다. 잠시 눈 한 번 감았다가 뜬 것 같은데 어린이에서 초등학생이 되고, 청년이 되어 결혼을 하고, 자녀들과 함께 살아가고 있는 제 삶을 생각해보니 인생이란 참으로 짧고 빠르게 지나간다는 것을 느끼게 되었습니다.

　아내와의 만남이 기억납니다. 중학교 1학년 때 교회에서 처음 만나 친구로 오랜 시간을 함께 보냈습니다. 중고등부 임원으로, 또 신앙생활의 동역자로 아내와 함께했던 시간이 떠오릅니다.

　최근 아내의 얼굴을 바라보니, 여전히 아름답지만, 눈가에 주름과 검은 머리카락 사이로 흰머리도 보였습니다.

저도 어느덧 눈가에 주름이 생기고, 뒷머리에는 흰머리가 가득해져 때마다 염색을 하기도 합니다. 또 눈물이 별로 없던 제가 이제는 눈물이 많아졌습니다. 눈 한 번 감았다가 뜬 것 같은데 시간이 너무나 빠르게 지나갔습니다.

우리의 연수가 칠십이요
강건하면 팔십이라도
그 연수의 자랑은 수고와 슬픔뿐이요
신속히 가니
우리가 날아가나이다
시편 90편 10절

가끔은 지난날이 허무한 것처럼 다가올 때도 있습니다. 그러나 우리의 지나온 삶은 결코 허무하거나 초라한 것이 아닙니다.

오히려 그 시간들은 은혜의 흔적들로 가득 차 있습니다. 기쁨으로 감사했던 시간들, 아픔으로 인해 하나님 앞에 다시 서게 되고, 주님 앞에 엎드리며, 오직 주님만을 의지하게 된 시간들. 힘든 날들 덕분에 다시 한번 하나님 편에 서게 된 그 모든 여정이 오히려 은혜의 증거로 다가왔습니다.

삶이 험난하다는 것은 그만큼 은혜의 흔적이 깊게 새겨진다는 것을 의미합니다. 깊게 새겨진 은혜의 흔적은 쉽게 잊히지 않으며, 더 어려운 고난이 와도 그 흔적으로 하나님을 더욱 의지하게 될 것입니다.

삶의 여정을 돌아보면서, 지금까지의 모든 여정이 하나님의 은혜이며, 앞으로의 남은 여정도 주님께서 선하게 인도하실 것임을 더욱 확신하게 되었습니다. 나의 삶이 끝나는 그 날까지 하나님께서 함께하실 것을 확신합니다.

눈물로 곡을 쓰고, 그 곡을 교수님과 나누었습니다. 우리의 인생 여정은 하나님의 은혜 안에 있습니다. 슬픈 날도 기쁜 날도 많지만, 화살같이 빠른 인생을 세상에 낭비하지 않고 여전히 함께하시고 인도해주시는 주님을 신뢰하며 찬양하기 원합니다.

내게 주신 모든 은혜를
내가 여호와께 무엇으로 보답할까

시편 116편 12절

여정

나의 눈가에 주름이 지고
눈물이 많아졌습니다

잠시 눈 감고 뜬 것 같은데
어느새 여기 있습니다

가슴 아픈 날도 많았었고
기쁜 날도 있었습니다

짧은 여정을 뒤돌아보니
하나님의 은혜입니다

지금까지 나의 여정은
모두 하나님의 은혜라

지금까지 나의 모든 여정
인도하셨네

나의 남은 모든 여정을
모두 하나님께 맡기리라

나의 모든 삶 마치는 날까지
붙드시리

Chapter
15
주의 은혜라

서른두 살의 어느 날, 저는 지난날을 돌아보다가 그동안 바쁜 일상 속에서 제 삶을 인도하신 은혜를 잊고 있었음을 알게 되었습니다. 제 삶은 주님의 은혜였습니다. 바람 잘 날 없는 어려움이 많았는데 그런 인생의 굴곡과 힘든 여정 속에서도 지금까지 걸어올 수 있었던 것은 오직 하나님의 은혜였습니다.

　그래서 저는 주님의 은혜를 노래하고 싶어서 가사를 쓰기 시작했습니다. 제가 언젠가 인생이 끝나고 주님을 만나뵐 때 어떤 고백을 드릴 것인가를, 그리고 그분의 은혜를 묵상했습니다. 그런데 다른 설명이 필요하지 않았습니다. "주의 은혜라" 이 한마디가 우리의 인생을 설명하고 있었습니다. 다른 가사를 덧붙이고 싶지 않았습니다.

"내 평생 살아온 길 뒤돌아보니
짧은 내 인생길 오직 주의 은혜라"

은혜를 확인하는 가장 확실한 방법은 삶의 길을 돌아보는 것입니다. 지금 서 있는 곳에서 삶을 돌아보면 하나님의 은혜가 보입니다. 너무나 짧았던 우리의 인생길, 이 길을 은혜로 살아왔음을 잊지 말아야 합니다.

은혜는 마치 공기와 같고 밀려오는 파도와 같으며 시공간을 초월합니다. 한순간도 주의 은혜가 없는 순간이 없었으며, 파도처럼 밀려오는 주의 은혜가 멈춘 적도 없었습니다. 은혜는 내가 태어나기 전부터 주어졌으며, 내가 어디에 있든지 함께했습니다. 내 평생 살아온 길이 은혜임을 잊지 말아야 합니다.

> 내일 일을 너희가 알지 못하는도다
> 너희 생명이 무엇이냐
> 너희는 잠깐 보이다가 없어지는 안개니라
> 야고보서 4장 14절

> 내 영혼아 여호와를 송축하며
> 그의 모든 은택을 잊지 말지어다
> 시편 103편 2절

"주의 은혜라 주의 은혜라 내 평생 살아온 길
주의 은혜라 주의 은혜라 다함이 없는 사랑"

우리 삶은 다함이 없는 하나님의 사랑으로 채워져 있습니다. 가장 사랑하는 독생자 예수님을 내어 주기까지 사랑하셨다는 것은 그 어느 것과도 비교할 수 없는 가장 큰 사랑입니다.

제가 정말 사랑하는 사람이 있다 할지라도 제 아들을 내어 줄 만큼 사랑할 수는 없을 것 같습니다.

하나님도 인격적이신 분이시며, 그분도 저와 같은 마음으로, 아니 헤아리지 못할 만큼 아들을 사랑하셨을 것입니다. 그럼에도 죄인인 나를 살리려고 아들을 대신 죽게 하신 그 사랑은 다함이 없는 사랑이요 끝없는 사랑입니다. 인간의 생각으로는 다 볼 수 없고 헤아릴 수 없는 고귀하고 놀라운 사랑입니다. 그 사랑으로 나를 사랑하고 계십니다. 이것이야말로 은혜입니다.

하나님이 세상을 이처럼 사랑하사
독생자를 주셨으니
이는 그를 믿는 자마다 멸망하지 않고
영생을 얻게 하려 하심이라
요한복음 3장 16절

내가 확신하노니
사망이나 생명이나 천사들이나 권세자들이나
현재 일이나 장래 일이나

능력이나 높음이나 깊음이나 다른 어떤 피조물이라도
우리를 우리 주 그리스도 예수 안에 있는
하나님의 사랑에서 끊을 수 없으리라
로마서 8장 38,39절

"달려갈 길 모두 마친 후 주 얼굴 볼 때"

우리의 삶은 이 세상에서 끝나지 않습니다. 이곳에서의 여정이 끝날 때, 새로운 시작을 알리는 문이 열립니다. 그 문 너머에는 천국이 기다리고 있습니다. 천국에서 우리는 모든 고통과 슬픔을 잊고, 우리를 창조하고 사랑하시는 주님과 영원히 함께할 것입니다.

이 땅에서의 우리 삶은 천국으로 향하는 여정이며, 주님 만날 그날을 소망하며 살아가는 시간입니다. 달려갈 길을 모두 마친 후에 주님을 만날 것입니다.

"나는 공로 전혀 없도다 오직 주의 은혜라"

주님을 만날 그때를 생각하며 하나님께 드리고 싶은 말이 있습니다.

"하나님, 저는 은혜로 태초에 지음 받았고, 은혜로 이 땅에 태어나 한평생을 누리며 살아왔습니다. 저에게는 아버지가 없었지만, 하나님이 저의 아버지가 되어주셔서 외롭지 않았습니다. 믿음의 어머니를 주셔서 일찍 주님을 알게 되었고, 예수님을 만나 제가 죄인임을 깨닫고 십자가의 은혜로 구원을 받았습니다.

은혜로 두 다리와 몸에 힘을 주셔서 공부하고 노력하며 주님 주신 비전을 향해 달려올 수 있었습니다. 은혜로 하나님이 주신 아내를 만나고 자녀를 만났습니다. 주님이 주신 두 눈으로 자녀들의 자라는 모습을 보며 웃을 수 있었습니다. 주님이 주신 성대로 주님의 사랑을 노래하고 찬양할 수 있었습니다.

부족함이 많았지만, 그 부족함 덕분에 하나님을 더욱 의지할 수 있었습니다. 저의 부족함을 돕는 동역자를 만나 많은 위로를 받았습니다. 부족한 종을 사용해주시는 것이 감사하여 하나님이 보내시는 곳으로 달려가 복음을 전할 수 있는 축복을 누렸습니다.

때때로 저의 연약함을 통해 낙심했지만, 거두지 않으시는 하나님의 은혜를 통해 다시 일어설 수 있었습니다. 삶이 너무나 빠르게 지나가고 저의 주름진 얼굴과 흰머리를 보며 세월의 흔적을 지울 수 없지만, 그 은혜의 흔적을 통해 하나님의 사랑을 다시 기억할 수 있었기에 서럽지 않습니다.

이제 주님 앞에 서게 될 날을 기다립니다. 제 길이 어디까지인지, 언제까지인지, 또한 어떠한 모양으로 주님 앞에 서게 될지 알지 못하지만, 주님을 뵐 때 제 고백은 이것입니다.

'나는 공로 없습니다. 주의 은혜였습니다.'"

나는 선한 싸움을 싸우고
나의 달려갈 길을 마치고 믿음을 지켰으니
이제 후로는 나를 위하여
의의 면류관이 예비되었으므로
주 곧 의로우신 재판장이 그 날에 내게 주실 것이며
내게만 아니라
주의 나타나심을 사모하는 모든 자에게도니라

디모데후서 4장 7,8절

주의 은혜라

내 평생 살아온 길 뒤돌아보니
짧은 내 인생길 오직 주의 은혜라

주의 은혜라 주의 은혜라
내 평생 살아온 길

주의 은혜라 주의 은혜라
다함이 없는 사랑

달려갈 길 모두 마친 후
주 얼굴 볼 때

나는 공로 전혀 없도다
오직 주의 은혜라

2
PART

Music
Scores

어머니의 기도

어머 니 의기 도는 - 땅에 떨 어지지 않네 - 어머

니 의기 도는 - - 자녀를 살게 하네 - 어머

니 의기 도는 - 반드시 응답받 으리 - 어머

니 의기 도는 - - 기적을 일으 키네 - 눈물

로 뿌린 기도 의씨앗 기쁨의 열매로 거두 리 눈물

로 심은 기도 의 씨 앗 하나 님 기억 하시

리

행복

| D | A/C# | Bm7 | F#m/A | G | D/F# | Em7 | A7 |

화려하 -지않아도 - 정결하 -게사는삶 - 가진것 -이적어도 - 감사하 -며사는삶 -
눈물날 -일많지만 - 기도할 -수있는것 - 억울한 -일많으나 - 주를위 -해참는것 -

| D | A/C# | Bm7 | F#m/A | G | D/F# | Em7 A7 | D |

내게주 -신작은힘 - 나눠주 -며사는삶 - 이것이 -나의삶의 - 행복이라오 -
비록짧 -은작은삶 - 주뜻대 -로사는것 - 이것이 -나의삶의 - 행복이라오 -

| 1. G/A | A | G/A 2. | A |

이 것 이

| D | D/F# | G | D/F# G | D/F# | Em7 | A7 |

행 복 행 복이라오 - 세상은 -알수없는 - 하나님 -선물이것이

| D | D/F# | G | D/F# | Bm7 | F#m7/A | G | D/F# |

행 복 행 복이라오 - 하 나님 -의자녀로 - 살아가 는것 -

| Em7 | A7 | D |

이 것 이 - 행 복 이 라 오

감사

D   A/C#   Bm7   F#m/A

오늘 숨을 쉬는 것 감사 나를 구원하신 것 감사 내 뜻

G   F#m7   Bm7   Em7   E7/G#   A

대로 안 돼도 주가 인도하신 것 모든 것 - 감사 내게
항상

D   A/C#   Bm7   F#m/A

주신 모든 것 감사 때론 가져가심도 감사 내게
주 안에 있음 감사 참된 소망 주심도 감사 나

G   F#m7   Bm7   Em7   G/A A   D   G/A A7

고난 주셔서 주 뜻 알게 하신 것 모든 것 - 감사 주님
같은 사람도 자녀 삼아주신 것

D   A/C#   Bm   F#m/A   G   D/F#   Em7   E7/G# A7

감사해요 주님 감사해요 내가 여기까지 온 것도 - 은혜입니다 주님

D   A/C#   Bm   F#m/A   G   D/F#   Em7   A7   D

감사해요 주님 감사해요 나를 사랑하신 주 사랑 - 감사합니 다

충만

G	D/F# Em7	Bm7	C	G/B Am7	D7

무 명 이 -어 도 - 공 허 하지 않은 것은 - 예 수안 에 - 난 만 족 함 -이 라
고 난 중 -에 도 - 견 더 낼 수 있 는 것은 - 주 의 계 획 - 믿 기 때 문 -이 라

G	D/F# Em7	B7	C	G/B	Am7 D7

가난 하 -여 도 - 부 족 하지 -않은 것은 - 예 수안 에 -오직 나는 - 부 요 함 이
실패 하 -여 도 - 일 어설 수 -있 는 것은 - 예 수안 에 -오직 나는 - 승 리 함 이

1. G	C/D D	G 2.	C/D D	G	D/F#

라 라 난 예 수 로 - 예 수 로 -

Em7	Bm7	C	G/B	Am7	D7	G	D/F#

예수 로 -충 만 하네 -난 예수 로 -예 수 로 - 예 수 로 - 충 만 하네 -난 예수 로 -예 수 로 -

Em7	Bm7	C	G/B	Am7	D7	G	C/D

예수 로 -충 만 하 네 - 영 원 한 왕 -내 안 에 - 살 아 계 시 네 내

몸 이 약 –해도– 낙 심하지 않은것은– 예수안에– 난 완전함 –이라

화려한 –세상 부럽지–않은것은– 난 예수로 –예수로– 충만함이 라 난

예수로 –예수로– 예수로 –충만하네–세 상모든– 것들 도– 부럽지 –않네난
세 상모든 –풍파 도– 두렵지 –않네

예수로 –예수로– 예수로 –충만하네– 영 원한왕 –내안에– 살아계시 네

은혜

내가 누려왔던 모든 것들이 내가 지나왔던 모든 시간이 내가
내가 이땅에 태어나 사는 것 어린 아이 시절과 지금까지 숨을

걸어왔던 모든 순간이 당연한 것 아니라 은혜였소 아침
쉬며 살며 꿈을 꾸는 삶 내가

해가 뜨고 저녁의 노을 봄의 꽃향기와 가을의 열매 변하
하나님의 자녀로 살며 오늘 찬양하고 예배하는 삶 복음

는 계절의 모든 순간이 당연한 것 아니라 은혜였소 모든 것이
을 전할 수 있는 축복이

은혜 은혜 은혜 한없는 – 은혜 내 삶에

당연한 건 하나도 – 없었던 것을 – 모든 것이 은혜 – 은혜였소

가장 귀한 삶

아무도 모르는 삶이라 하여도 스치듯 지나는 삶이라 하여도 후회하
내가 꿈 꾸는 일 이루지 못해도 내가 바 라는 것다 갖지 못해도 낙심하
하나님 독생자 예수 그 리스도 날 위해 고귀한 생명 주 셨으니 그 생명

지 않고 오늘을 사 는 것은 가 장 귀한 삶을 앎 이라 내가
지 않고 오늘을 사 는 것은
받은 나 하늘의 소 망 있네

복음을 알 고 내가 복음을 믿 고 내가

복음을 전 하며 살 아 간 다면 나의 삶 은 가장 귀한 삶이 라 내가
내가

예수를 알 고 내가 예수를 믿 고 내가
예수를 위 해 내가 살 아 간 다 면 나의

예수를 전 하며 살 아 간 다면 나의 삶 은 가장 귀한 삶이 라
작은 삶 아무도 모른 다 해도

일상

나를보-내사 서게하-신곳 가장귀한곳-이 -바 로이곳-이라-

내게주-신곳광 야와갈-아도 - 믿 음과소망가-지고-최 선을다-하리-

나의작-은삶 주께드 -릴때 나의삶을통-해 -주 영광받-으리-

내게맡-기신가 장귀한-이곳- 감 사와순종으-로 -오 늘을살-리라-

나의일-상을-통해-하나 님께영 -광을- 나의일-상을-통해-생

명의복-음을- 내게맡-기신-이곳-나를 부르신-곳에- 하나
나의

님 의나-라 가- 이뤄지길 - 원합-니 다 -
일 상을-통해- 주의나라 - 이루-소 서 -

정결한 그릇

정결한 – 그릇 되게하 – 소서 – 내 모양이 – 금그릇

은그릇 – 아니어도 주가 쓰 시 기 – 편한 – 그릇 되기원 – 하네 – 정결

한 그릇 – 되 게하 – – 소서 – 정결 한 그릇되 – 기원

합니다 – 주님 뜻 대로 – 날 사용하 – 소 서 – 주가

쓰 시 기 – 편 한 – 그릇 되 기원 – 하 네 – 정결

한 그 릇 – 되 게하 – – 소서 –

청년의 기도

내게주 - 신모든것 - 주께 감사드 - 리며 많은재 - 물보다더 - 복음
불의로 - 얻는복은 - 당당 히포기 - 하고 하나님 - 보시기에 - 정결
내이름 - 내려놓고 - 예수 의이름 - 들고 어둔세 - 상속에서 - 작은

을 선택 - 하고 화려한 - 길아니라 - 진리 의길을 - 걷는 거룩한 - 주여수 의 - 청년
한 그릇 - 되어 이땅에 - 날보내신 - 하나 님의뜻 - 대로 주영광 - 위해싸는 - 청년
생 명빛 - 되어 천하보 - 다소중한 - 한영 혼살리 - 는삶 예수님 - 닮아가는 - 청년

되 게하 - 소서   때 론연 - 약 해져도 - 방황

않 게하 - 소서 세상험 - 한파도에 - 낙심 않게하 - 소 서 청년

의 시절지 - 날 때 날지으신 주님뜻 - 대 로   하나님

예배하 - 는삶 - 복음 을전하 - 는삶 - 그렇게살 - 길기도합 - 니 다

가장 좋은 것을 주시는 하나님

내가 알수없-는길로-내가 갈수없-는길로 가장좋-은길로-날 인도하-시네- 내가

할수없-는일도-나의 주가이-루시네 가장좋-은것을-주 시는하-나님 -

내생각-보다- 내계획-보다- 더 좋은것 을주시는-주 님 -
나의지-혜로 나의힘-으로 다 할수없 는일이라-해도 -

내기도-보다- 내소망-보다- 더 좋은것 을주시는-주님 - 내가
주의지-혜로 주능력-으로 더 좋은것 을내게주-시네 -

알수없-는길로-내가 갈수없-는길로 가장좋-은길로-날 인도하- 시네 내가

할수없-는일도-나의 주가이-루시네 가장좋-은것을-주 시는하-나님 -

두 렙돈

나 가진것 너무 작은두렙돈 너 무 작아서 부 끄러웠지만

내전부를하나 님께드릴때 가 장크게받 - 으사 칭찬하시네

작은두 렙 돈 하나라도 - 주 님 보시기엔 - 가장값 - 진헌신 -

작 은 내 삶 도 하나님이 - 원하신곳에 아름답게쓰소 - 서

나 가진것 작은 떡과물고기 너무 작아서 부끄러웠지만

주 말씀에내삶 순종할때에 주 나를통하-여서 역사하시네

주 님한 분만 평생토록-사 랑 하는삶 살 길원-해 요

주 님한 분만 평생토록- 사 랑하는삶 그길걷게하 소-서

하나님의 부르심

하나 님의부-르심-에는-후회 하심이-없네- 내가 이자리-에선것도 -주의

부르심-이라- 하나 님의부-르심-에는-결코 실수가-없 네- 나를

부 르 신- 하 나 님 의- 신 실 하 심 을 -믿 네- 날 부

르신뜻- 내생각 보다크고-날향 한계획- 나의지혜로 측량못-하나-가장

좋 은 길 로- 가 장 완 전 한 -길 로- 오 늘 도 날 이 끄 심 -믿 네 작은

나를부-르신-뜻을-나는 알수없-지만-오직 감사와-순종으로-주의

길을가-리라- 때론 내가연-약해-져도-주님 날도우-시 니 - 주의

놀 라 운 - 그 계 획을 - 나 는 믿 으며-살 리 - 날부

르신뜻 - 내생각 보다크고-날향 한계획-나의지혜로 측량못-하나-가장

좋은길로 - 가장 완전한 -길로 - 오늘 도 날이끄심-믿 네
신실 하 신주 를찬 -양 해

예수께로 오세요

가난한 사람 – 연약한 사람 – 눈물 마르지 – 않는 사람 –

예수님이 – 필요한 사 람 – 여기 있 나요 –

실패한 사 람 – 두려운 사람 – 꿈도 소망도 – 없는 사람 –

예 수님이 – 필요한 사 람 – 여기 있 나요 –

예 수 께 로 오 – 세 요 – 예 수 께 로 – 세 요

– 당 신의 – 마음 – 주 가 알 고 계 세 요 –

예 수 께 로오 – 세 요 – 예 수 께 로오 – 세 요

– 나 의 구주 – 되신 – 예 수 께 로 – 오 세 요 –

여정

나의 눈가에 주름이 지고 – 눈물이 많아졌습니다 –

잠시 눈감고 뜬 것 같은데 어느새 여기 있습니다

가슴 아픈 날도 많았었고 – 기쁜 날도 있었습니다 –

짧은 여정을 뒤돌아 보니 하나님의 은혜입니다 지금까 – 지

나의 여정은 – 모두 하나님의 은혜라 –

지금까지 – 나의 모든 여정 – 인도 하셨네 나의 남 – 은

모든 여정을 – 모두 하나님께 맡기리라

나의 모든 삶 마치는 날까지 붙드시리

모든 것이 은혜, 은혜, 은혜

주의 은혜라

내 평생 살아온 길 뒤 돌아보니 짧은

내 인생길 오직 주의은 혜 라 주의

은혜라 주의 은혜라 내 평생 살아온 길 주의

은혜라 주의 은혜라 다 함 이없 는 사

랑 달려 갈 길 모두

마친후 주 얼굴볼 때 나는 공로 전혀

없도다 오직 주의은 혜 라

손경민 (그레이스 피플)

프롤로그 | 블로그 | 프로필 | 작곡 악보 | 피아노 –성가활창악보

지도 | 서재 | 안부

그레이스피플
kyungmin0716

하나님 영광위해 사는 자
'은혜', '행복', '감사', '충
만' '하나님의 부르
심'의 작사.작곡가
한국침례신학대학교 겸임
교수
대전과학기술대학교 실용
음악과 전 겸임교수
백석대학교 기독교음악
학 박사과정
M.net 너목보 시즌 5,
6 (전) 음악감독
(전)이스트롯 편곡가
프로필

+ 이웃추가

Q

카테고리

전체보기 (245)
프로필
공지사항
작곡 악보
피아노 –성가활창악보
손경민 성가곡집 악보
영어 악보

사역문의
사역일정
사역이야기
만남과 동역자

평안의 기도 피아노음반
음반 소식

MR Key Change

공지	사역문의		2022. 7. 21.
공지	성가악보 구매링크 안내입니다. (41)		2022. 3. 26.
공지	성가음반 소식을 나눕니다. (15)		2022. 2. 28.
공지	악보 제작에 관한 후원을 기다립니다. (109)		2020. 1. 16.

작곡 악보 107개의 글

목록열기

작곡 악보

어머니의 기도

그레이스피플 2021. 4. 21. 16:55

URL 복사 +이웃추가

어머니의 기도는 땅에 떨어지지 않습니다. 어머니의 기도는 능력이 있으며 반드시 응답받습니다. 그리고 기적을 일으킵니다. 그 기도가 험한 세상 속에서 자녀를 살게 합니다. 오늘도 자녀를 위해 기도하시는 모든 어머니께 존경과 감사를 표합니다. 이 곡은 한 평생 저를 기도로 키워주신 저의 어머니 양선희님 그리고 지금도 자녀를 위해 밤낮없이 눈물로 기도하는 모든 어머니를 위해 작곡하였습니다.

https://youtu.be/N3yaNT6kzrQ

이 책에 실리지 않은 곡들의 악보는
손경민(그레이스 피플)
네이버 블로그에서 받아보실 수 있습니다.

삶의 모든 순간에 은혜가 가득합니다

하나님의 은혜는 너무나 넓고 깊고 무한해서

이 세상의 차원에서는 다 알 수 없을 것입니다.

제가 감히 〈은혜〉라는 찬양을 만들며 깨닫게 된 것은

(바닷가의 모래알 정도일 것입니다)

이 땅의 삶은 그 은혜를 하나하나 발견하며, 깨닫고,

경험하고 누리며 살아가는 순간으로 채워져 있다는 것입니다.

우리의 삶은 은혜로 시작되었고, 은혜로 살아가며,

마지막 은혜로 천국에 들어갈 것입니다.

지금 이 책을 읽고 있는 당신이

이 놀라운 하나님의 은혜를 깨닫고 경험하기를 소망합니다.

아무리 힘든 상황 속에 놓여 있고 사방이 막힌 것 같아도,

절망의 바다 한가운데를 표류하는 것 같아도,

그곳에 하나님의 은혜가 예비되어 있습니다.

하나님의 은혜는 멈춘 적이 없습니다.

지금도 베푸시는 은혜를 힘입어서

다시 일어나 은혜의 하나님을 찬양하기를 소망합니다.

지금 나는 지은 찬양에 합당하게 살아가고 있는지,

주님의 검증은 아직 끝나지 않았는데

안심하며 나태해지지 않았는지

책을 집필하면서 돌아보게 되었습니다.

오늘도 감사할 일이 있음을 믿음의 눈으로 찾아봅니다.

오늘도 구원받음이 내 최고의 행복이고,

어머니의 기도로 내가 살아가고 있으며

그 기도를 이제 내가 자녀에게 흘려보내야 함을 기억합니다.

'오늘 나는 예수로 충만한가, 세상의 일로 충만한가?'

책을 집필하면서 수없이 나에게 질문을 던져봅니다.

오늘도 충만하기 위해 몸부림치며 은혜로 걸어갑니다.

내 인생에 당연한 것은 하나도 없었습니다.

그리고 오늘도 거두지 않으시는 은혜로 살아갑니다.

모든 것이 은혜입니다.

모든 것이 은혜, 은혜, 은혜

초판 1쇄 발행   2024년 7월 22일

지은이   손경민
그린이   이화하하, 햇살콩

펴낸이   여진구
책임편집   최현수
편집   이영주 박소영 안수경 김도연 김아진 정아혜
책임디자인   조은혜 이하은 | 마영애 노지현
홍보 · 외서   진효지
마케팅   김상순 강성민   마케팅지원   최영배 정나영
제작   조영석 허병용   경영지원   김혜경 김경희

303비전성경암송학교 유니게 과정
이슬비전도학교 / 303비전성경암송학교 / 303비전꿈나무장학회

펴낸곳   규장

주소 06770 서울시 서초구 매헌로 16길 20(양재2동) 규장선교센터
전화 02)578-0003 팩스 02)578-7332
이메일 kyujang0691@gmail.com   홈페이지 www.kyujang.com
페이스북 facebook.com/kyujangbook   인스타그램 instagram.com/kyujang_com
카카오스토리 story.kakao.com/kyujangbook
등록일 1978.8.14. 제1-22

책값 뒤표지에 있습니다.
ISBN 979-11-6504-542-5 03230

규 | 장 | 수 | 칙

1. 기도로 기획하고 기도로 제작한다.
2. 오직 그리스도의 성품을 사모하는 독자가 원하고 필요로 하는 책만을 출판한다.
3. 한 활자 한 문장에 온 정성을 쏟는다.
4. 성실과 정확을 생명으로 삼고 일한다.
5. 긍정적이며 적극적인 신앙과 신행일치에의 안내자의 사명을 다한다.
6. 충고와 조언을 항상 감사로 경청한다.
7. 지상목표는 문서선교에 있다.

하나님을 사랑하는 자 곧 그의 뜻대로 부르심을 입은 자들에게는 모든 것이 合力하여 善을 이루느니라(롬 8:28)

Member of the
Evangelical Christian
Publishers Association

규장은 문서를 통해 복음전파와 신앙교육에 주력하는 국제적 출판사들의
협의체인 복음주의출판협회(E.C.P.A:Evangelical Christian Publishers
Association)의 출판정신에 동참하는 회원(Associate Member)입니다.

은혜 안에 살아가는 삶의 이야기

모든 것이 은혜, 은혜, 은혜